خديجة بنت خويلد

خديجة بنت خويلد

د. أحمد فراج العجمي

دار المحيط للنشر
Al Muheet publishing

خديجة بنت خويلد

د. أحمد فراج العجمي

تأليف: د.أحمد فراج العجمي

التدقيق اللغوي: جميل داري

تصميم الغلاف: سندية الحنطوبي

نشر في دولة الإمارات العربية المتحدة

الطبعة: الأولى 2021

الفئة العمرية: E

تم تصنيف وتحديد الفئة العمرية التي تلائم محتوى الكتب وفقًا لنظام التصنيف العمري الصادر عن وزارة الثقافة والشباب.

دار المحيط للنشر
Al Muheet publishing

©دار المحيط للنشر ذ.م.م.

جميع الحقوق محفوظة

✉ info@daralmuheet.ae
📷 @daralmuheet

رقم إذن الطباعة

MC - 02 - 01- 3440334

الترقيم الدولي ISBN

9789948845164

التصنيف الموضوعي

– تاريخ

الفهرس

المقدّمة

تتقلّد البشرية أوسمة النجاح التي حقّقها فئة قليلة من الناس، فالناس عوامٌ وخواصٌ، والإنجاز العظيم هو الذي يَنقلهم من فئة العوامّ إلى فئة الخواصّ، وقد استبسل عدد من منهم استبسالًا عجيبًا كي يغرسوا لهم راية في هضبة المجد، وينحتوا اسمًا في جبين الدهر، فلا يُفنيه المَلَوان، ولا اختلافُ الزمان.

إنّ المرأة بوصفها عنصرًا فعّالًا تُمثّل أحد وجهَي العملة الإنسانية الحضارية، تتفاعل وتشارك وتُسهم وتبني، فلم نسمع بحضارة همّشت دور المرأة، أو ألغته، بل بقيت المرأة في كلّ العصور مناطَ التربية، ومصنع الحياة، فهي بناءٌ لا يمكن تقويضه، وعنصرٌ فاعلٌ لا يمكن تنحيته، لكن يمكن أن تتفاوت الأمم في ذلك، فنجد أُمّة تمتهنها جسديًّا ونفسيًّا، وأُمّة أخرى تمنحها مطلق الحرّية، وأُمّة أخرى تكبت جزءًا من تلك الحرّية المطلقة إمّا حفظًا للمرأة من الامتهان أو تعصّبًا للذكورة، وإن الاختلاف سنّة ماضية في الأمم الإنسانية.

لكـن على الرغـم مـن اختـلاف الأمـم في عـدد مـن المتغيّرات الشكلية فإنّ السمات الإنسانية العامّة تصمد أمـام تلك المتغيّرات، وكذلك الأخـلاق والأمور النفسية والروحيـة، وتتشارك فيها معظم الأمـم، ويقـلّ الاختـلاف حولها، فمثلًا لن نجد أمّة تمدح الكـذب والغشّ والخيانة والاعتـداء، أو تتنكّـر للبطولـة والإحسـان والكرم والوفـاء، وغيـر ذلك مـن الأخـلاق والسـمات العامّة للإنسـان.

إنّ لـكلّ عصـر خصائصـه وسماته، وتنبثق في ظلّـه معارف ورؤى حضارية تختلف عمّا سبقها، وتنشأ تحت ظلاله علـوم وثقافات تتّخـذ مـن المعاصَرة سـمة لهـا، وتختـزل مـا سبقها من معارف، وهـي في الوقـت نفسه تنبني عليها، وهـذا ما سُمّي بالبنـاء الحضاري أو الصراع الحضـاري، ومـا تـزال الأمـم تتبادل حضاراتها، أو تتبارى في ظـلّ حركيـة مستمرّة للمشروع الإنسـاني.

في ظِلّ هـذا التصـوّر لنا أن نتخيّـل الآلة الحضارية مثل ماكينـة تتركّـب مـن مجموعـة تروس لا تفتأ تهدأ، فالرجال تـرس، والنسـاء تـرس، والشـباب تـرس، والمبدعـون تـرس، وأولـو القـوة تـرس، والأطفـال تـرس، وهكـذا، وكُلّ يتّخـذ لـه حجمًا ودورًا بحسب أهمّيته، لكن لا يمكن لهـذه الآلـة أن تـدور وتنتج دون أقلّ تـرس مـن هـذه التـروس، يتكاتف

الجميع، ويحضن بعضه بعضًا في منظومة متآلفة، لتتبدّى لنا قوّة المجتمع بحسب قوّة تلك الآلة وتماسكها.

ينتقي هذا الكتاب أحد النماذج البشرية النسوية، وهي خديجة بنت خويلد -رضي الله عنها- ليضرب بها مثلًا لكلّ امرأة جادّة اتّخذت موقعًا مناسبًا لها بين الناس في منظومة الحياة، ومكّنت ذاتها تمكينًا ينسخ كلّ شكّ، ووقفت على مشارف الطريق، وآلت أن تقتحمه بكلّ قوة تدحض أيَّ ضعف، وأودعت في قرارة نفسها القدرة والاستطاعة على الفعل، فلا مكان لريبة أو تردّد، كمَن نظر إلى الجبال فتهيّبها ثمّ ما لبث أن قطع اليقينُ الشكَّ، فراح يدوس صخورها بخطواته الراسخة صاعدًا حتى بلوغ القمم، لا يبالي بما يتحدّر حوله هابطًا.

نموذج نسائي فذّ وعظيم، كسر حدود الزمان والمكان، يأخذ بأيدي الباحثات عن النور والسعادة، الرافعات راية الفضيلة، البانيات حضارة الإنسان والمُرسيات أسس المجتمعات، ليتعلّمن كيف تكون المرأة مصدر العطاء وبؤرة النور وعمود البناء.

من هذا المنطلق فإنّ نموذج خديجة -رضي الله عنها- يُعَدّ مثالًا فريدًا للمرأة المعاصرة، فتستطيع المرأة في هذا العصر أن تتأمّل سيرتها، وتخرج منها بدروس،

تُوظّفها في تحسين الحياة المعاصرة، وبناء الأسرة الفاضلة، والإسهام في بناء المجتمع أيضًا، فعلى الرغم من اختلاف المكان والزمان، من بداوة وحضارة، وبساطة وتعقّد، ويُسْر ومشقّة؛ فإنّ ما فعلته السيّدة خديجة للأمّة بوصفها أمًّا وزوجة هو عين ما تستطيع المرأة المعاصرة أن تفعله لتصبح رمزًا أسريًّا ومجتمعيًّا وإنسانيًّا.

إذا قيل إنّ المرأة المعاصرة يجب أن تشارك في بناء المجتمع والنهضة به، وتقف بإزاء الرجل لتحمّل أعبائه، فإنّ خديجة تاجرت، ووقفت بإزاء التجار من رجال قريش حتّى أصبحت ذات مال وفير، مع الحفاظ على وقارها، وخصائصها الأنثوية، وسمات شخصيّتها بوصفها امرأة موقّرة كريمة، كما أنّها ربّت أسرة مثالية خُلقًا وجدارة وعلمًا، ووقفت بجوار زوجها في المُلمّات، وشاركته أفراحه وأتراحه، وخفّفت عنه في مواقف متعدّدة، وقد حمَلها الزوج ﷺ لها وفاء بها، فظلّ يَذكرها بالفضل حتّى آخر يوم من عمره.

كما أنّها لم تَقْصُر نفعها على محيطها الأُسري من زوج وأبناء، بل طال المجتمع والأمّة؛ فقدّمت أموالها عند حصار قريش لبني هاشم، فكانت مثالًا للتضحية من أجل المجتمع، وغيرها من المواقف التي يجب على

المرأة المعاصرة أن تضطلع بها وتتبنّاها وتقلّدها.

ما أحوج المجتمعات المعاصرة إلى إسهام المرأة على المستوى الشخصي بالثقافة والتعليم! وعلى مستوى الأسرة بالرعاية والتربية ومساندة الزوج، وعلى المستوى الوطني بالتضحية من أجله بالمال والجهد والعلم، وما أكثر من يضربن الأمثلة في العصر الحديث على قدرة المرأة في مجالات عدّة! ما كنّا نسمع إلّا أنّ الرجال يتصدّرون فيها فكريًّا وعلميًّا، بل في كلّ المجالات، كالتعليم والصناعة والزراعة والتصميم، حتّى علوم الفضاء والذرّة وغيرها، وهذه كلّها مواقف وصفات تشارك فيها المرأة المعاصرة أمَّ المؤمنين خديجة على الرغم من الاختلاف المكاني والزماني والحضاري.

عندما يَشرَع المرء في الكتابة عن إنسان عظيم أو أمر جليل فإنّه يتهيّب الإقدام، ويتوجّس من الإخفاق، ويشفق ويحاذر من هول المخاطرة، ويأخذه القلق والتردّد، وتستبدّ به الحَيرة، فلا يدري من أيّ باب يلج؟ خائفًا من الاقتحام دون زاد، والكتابة دون قرطاس ومداد؛ فالأمر عظيم، يخاف المرء أن يخطو فيه فيزلّ، ويجتهد فيُخطئ، كمن انعقد لسانه متهيّبًا عظيمًا وقف بين يديه، وقد امتلأ صدره منه هيبة وامتثالًا، وجَلّ في عينيه

حتّى أطرق تعظيمًا، فكيف إذا كان هذا الإنسان العظيم أمّ المؤمنين خديجة بنت خويلد، رضي الله عنها؟

اتّفق كلّ من كتب في سيرتها على عظيم شأنها، وجليل قدرها، وباذخ شرفها، وعلوّ حسبها ونسبها، فهي الوجيهة العبقريّة، في رتبة الأشراف سَمِيّة، وبِسَنام المجد عليّة، سيرتها تُناطح النجوم عُلوًّا وبهاءً، وأفعالها تغالبها سُموًّا وارتقاءً، ومواقفها الجليلة للسالكين تزاحم الجوزاء.

تأتي أهمّية سيرتها من أنّها واكبَتْ فترة شديدة التعقيد في مسيرة الأمّة، كما رصدت لنا صورة المرأة في عصر ما قبل الإسلام، حتّى لا يظنّ ظانّ أنّ المرأة عند العرب كانت مبتذلة محقّرة، ثمّ رصدت لنا هذه السيرة صورة المرأة بعد التّحول للإسلام، كذلك نستطيع أن نلج من خلال هذه السيرة إلى بيت النبوّة، فنتعرّف إلى أخلاق النبي ﷺ مع نسائه، كذلك يمكن من خلال هذه السيرة أن نتعرّف إلى وظيفة المرأة في أسرتها ومجتمعها، وكيف تكون المرأة المثاليّة نموذجًا متفرّدًا لغيرها في إدارة شؤون الأسرة، والمشاركة المجتمعية، وفعل الخير والتطوّع، والإحسان إلى الزوج ومساندته، وقد ضربت لنا في كلّ ذلك المثال المتفرّد، والنموذج

الأمثل.

نتلمّس في هذا الكتاب أهمّ المواقف التي يمكن أن نتمثّلها لإنارة أرواحنا، وإعادة تشكيل رؤانا، وتصحيح أفكارنا، وتخيّر مواقفنا، ونستضيء بها إذا ادلهمّت الطرق، وتصاعد الدخَن، في ظلّ أزمة متصاعدة أنتجتها حياة معاصرة قاسية، لا تفهم لغة العطاء والحبّ والتسامح بقدر فهمها لغة المصالح والقوّة والمال، وصار في ظلّ ذلك الاهتمامُ بالنماذج المضيئة ضرورة مُلِحّة؛ وتأكّدَتْ ضرورة التنبّه لأثر ثورة الاتصال وسهولة التواصل الاجتماعي الافتراضي وشدّة تدفّق المعلومات، ممّا يوجب التحرّك وفق تداعيات هذا التطور وتطويعه على مستوى الأفراد والأسر والمجتمعات والحكومات؛ إذ إنّ السقوط في مغبّة التعصب، والتردّي في مستنقع الرذائل، واعتناق الأفكار المتطرّفة والهدّامة؛ كلّها ممّا يصل إليه الشباب والفتيات بضغطة زرّ واحدة أو بلمسة شاشة مضيئة، وتفضَي بهم إلى نوازع الأفكار المظلمة ومفاسد الأخلاق، وهنا وجب على الجميع أن يتساندوا من أجل إعادة ترميم الثقة في الذات والتراث، وتأسيس المعرفة العميقة الراسخة التي يمكن أن نؤسّس عليها مقوّمات شخصيتنا الخاصّة بهويّتها المتميّزة، ونضيء بها

وجدان كلّ قارئ شغوف بالانتماء للأمّة التي من أخصّ خصائصها الانفتاحُ على العالم بثقافة متجذّرة أصيلة، وهويّة راسخة ثابتة، وعطاء معرفي وعلمي وأخلاقي غير محدود؛ كلّ ذلك من أجل استلهام محفّزات العمل الخيّر، والإسهام في انعتاق البشرية من المادّية المفرطة التي قَطّعت الصلات الروحية على الرغم من النهضة العارمة في مُمَكِّنات التواصل وآليات الاتصال والتبادل الثقافي والعلمي والاندماج الحضاري.

نكتب عن خديجة -رضي الله عنها- ليس بوصفها شخصية تاريخية مؤثّرة نسلّط الضوء على مواقفها وعلاقاتها بالزمان والمكان والأشخاص، ولكن نكتب عنها بوصفها قصّة نجاح بشرية، تضاف إلى ذاكرة القارئ بجوار عشرات الأمثلة التي مرّت به؛ لتتكاتف جميعًا في مخيّلته الذهنية، فتشكّل داخله فكرة راسخة عن النجاح ومقوّماته، وتساعده على تمثُّل الآليات والوسائل التي تضمن له أن يكون إنسانًا مؤثّرًا في إطار أسري ومجتمعي وعالمي، كما تؤسّس أيضًا لنموذج عربي نسوي فريد، استطاع أن يرفع قامته في ظلّ مجتمع ذكوري، أسهم الإسلام بعد ذلك في تحسين هذا التوجّه ليساوي بين المرأة والرجل، فتندفع نماذج نسويّة معًا

في حشد تاريخي حضاري ثقافي منفتح على جميع الخيارات المشروعة التي تسهم في صنع ذاكرة إنسانية راسخة للمرأة الناجحة.

لقد سبق الكُتّاب والمؤرّخون وأصحاب السِّيَر إلى تأمُّل سيرة السيدة خديجة فجلَّوا أسرارها، وسبروا أغوارها، والتقطوا دُررها، حتّى ظنّ الكاتب أنّ أهل الدثور قد سبقوا بالأجور، فلم يبقَ ما يُقال فيها ويُكتب، والحقيقة أنّ مَعِينًا كمَعِين السيدة خديجة لا ينضب، فهي تفيض الليلَ والنهار، فتملأ القلوب والأسماع والأبصار، وتبقى النفس شغوفة بأن تضيف شيئًا جديدًا، ومقصودًا مفيدًا، حتّى يجد هذا الكتاب بين ما سبقه من كتب محلًّا ومكانًا وقيمة.

هذا الكتاب مجموعة من التأمّلات المتعلّقة بسيرة السيدة خديجة، نقتبس منها ما ينير درب النجاح، ونبحث عن السرّ الذي جعلها تنال ما نالته من مكانة في صدر النبي وصدور المسلمين، والسرّ الذي جعلها تتفرّد وتختلف عن بقيّة النساء في ذلك الزمان، في ألقابها، وفي صفاتها، وفي مواقفها، وكذلك تختلف عن بقية نساء النبي الكريم، ونتمثّل طريقتها بوصفها منهجًا يمكن أن يُحتذى، وقدوة للمرأة في عالم ينفتح

على الثقافات، ويتأثّر بالحضارات، وتتداخل فيه القيم، وتنخرط فيه المرأة في مسيرة البناء والتقدّم والحضارة، فيكون هذا النموذج لها نبراسًا، وإطارًا مرجعيًّا.

لا يتّخذ هذا الكتاب من الصبغة العلمية منهجًا؛ لذلك فقد تجد الحديث الشريف مبثوثًا بين الكلام بين علامتيْ تنصيص دون تخريج، كما قد يُزاد في الأثر أو يُنقص دون مساس بمعناه، غير أنّ كلّ الأخبار الواردة في هذا الكتاب من سيرة السيدة خديجة لها مرجع بكتب السنّة، وكتب السيرة والتاريخ، وكلّ ذلك مُخَرَّج بنسخة أخرى علمية من هذا العمل، أردتُ بذلك القربى من الروح الحكائية؛ فالهدف إحياء أثر هذه النماذج البشرية في النفوس.

بيت كرم وبطولة

ترسـم حوافـرُ الأفـراس على رمـال شـبه الجزيـرة العربيّـة لوحـاتِ البطولـة، وتنقـش بهضابها نقوش النجـدة والكـرم والأخـوّة، ويسـافر صهيلها عبـرَ المفـاوز يعزف سـيمفونية المـكان، وينفُـذ مـن كُـوى القـرون إلى آذاننا فيُشَـنّفها عازفـا سـيمفونية الزمـان، فكأننـا أمـام حركيـة بطوليـة لا تهـدأ، وصـورة مسـتقرّة في ذهنيـة تاريخيـة للبطـل العربـي، حيـث النقْـع يعانـق النخيـل، والسـيف يـذود عن الأرض والعِـرض، والنخـوة حائـط صَـدٍّ أمام كلّ معتـدٍ، تُنـاصر كلّ مظلـوم.

على تلـك الأفـراس يغامـر بطـل وفـارس معـروف، قـويّ مَهيـب مُتقلِّـدًا سـيرة صنعها بنفسـه، في مجتمـع لا يُقَـدِّر إلّا الأقويـاء، خويـلد بـن أسـد بن عبـد العُـزّى بن قُصيّ بـن كلابٍ، ذلكـم البطـل الـذي نازع في جماعـة من قريـش تُبَّعًا اليمانـي لمّـا أراد أن يأخـذ الحجر الأسـود من الكعبـة إلى اليمـن، حتـى أعـرض تُبَّع عـن عزمـه ورجـع، ليبقـى الحجر في مَحلّـه الـذي أراده الله لـه، في حِمـى عـدد مـن أولي القـوّة والبـأس مـن قريـش، مُشِـعًّا مضيئًـا، تنبثق منـه المحبّـة والسـلام إلى يومنـا هـذا.

وُلِدَ لخويلد خمسة ذكور، وأربع إناث، ولكن واحدة منهن ستُخَلِّد ذِكْر أبيها، خديجة بنت خويلد، تُولَد في أسرة كريمة الحسب، عريقة النسب. تتلقَّف آذانُها من صغرها معاني الكرم والنجدة والبطولة والوفاء، وتتشرّب أخلاق العفّة والطهارة، فتنبّت فيها بذور الفضيلة ممّا تلقّفته من أخلاقها، وتتظلّل بظلال الحكمة ممّا عايشته من معانيها.

تُولَد الفتاة وتنشأ في مجتمع انفصم عن فيوض السماء، فَصَلَتْه فترة طويلة عن آخر رسول عيسى بن مريم -عليه السلام- فلَم يمرّ بالبشرية مثل هذه الفترة الطويلة، حتى وقع البشر في ظلمات جاهلية ادْلَهَمَّ بها الأفق، وتكاثفت ظُلَلٌ من الخطايا، ضاعت تحت جنحها الحقوق وبهتت الواجبات، واستُبيحت الأعراض والأموال والأنفس، فظهرت العبودية والرقّ، وتفنّنت القبائل في الإغارة والسطو، واختلق التجار طُرُقًا للربا، فازداد الفقير فقرًا، والغنيُّ غِنًى، حتى ضرعت الأرض إلى السماء، واستغاثت المخلوقات بباريها، وكان أهل الكتاب مستشرفين أفقَ الغيب، منتظرين وحي السماء ببشرى موجودة في التوراة والإنجيل، والناس متطلّعون إلى الفرج القريب، حتى سمعت الجزيرة العربية ببعثة

نبي من العرب، من قريش، اسمه محمّد بن عبد الله بن عبد المطلب بن هشام، ستكون خديجة زوجة له.

كانت خديجة من الناجيات اللواتي نجّاهن الله من الوأد، فكان عدد من العرب يدُسّ بناته أو بعضهنّ في التراب فرارًا من الفضيحة في مجتمع ذكوري بالمقام الأوّل؛ فالذَّكَر يكرّ في الحروب، وهو سند في الحياة وامتداد للذِّكْر بعد الموت، فكانت العرب تُؤْثِر الذكور وتفضّلهم، غير أنّ عددًا منهم كانوا يُمْسِكون الإناث على هَوْن، وقليل كان يجد في المرأة مثل ما يجد في الرجل من المكانة، ومنهم بيت خديجة؛ لذلك استطاعت أن تصنع لنفسها هيبة لا تقلّ عن الرجال.

شَبَّت الفتاة الجميلة، تتبدّى على مُحيّاها سيماء الذكاء، وهي في قومها شريفة حسيبة، فتوافد عليها رجال من عِلْيَة القوم يخطبونها، فتزوّجت وهي بنت بضع وعشرين سنة تقريبًا زواجًا بعقد ومهر وإعلان مثل كلّ شريفة حسيبة في مكّة، ولم تتزوّج زواجًا يقدح في عفتها، أو يحطّ من قدرها على كثرة هذه الأنواع من الزواج قبل الإسلام، وخطّت أولى خطواتها في بيت الزوجية تُربّي بناتها وأولادها، وتورثهم ما تعلّمته من سنن الحياء والأخلاق القويمة حتى اشتُهرت عنها تلك

الأخـلاق، وعُرفت في مكّة بالطاهرة العفيفة، ولُقّبت بخير نسـاء قريـش، وبالصِّدّيقـة، وهـي ألقـاب صعبـة المنـال، ومـن العسـير أن تجتمـع في امـرأة واحـدة.

نشأة قويمة في مجتمع جاهلي

اعتادت العرب قبل الإسلام على التقرّب إلى الله زُلفى بأصنام يصنعونها بأنفسهم من الحجر وغيره، وذلك لبعد خبر السماء عن أرضهم، غير أنّ عددًا من الذين اعتنقوا الحنيفية أو اليهودية أو النصرانية قد وفدوا إلى أرض العرب، ونقلوا تعاليمها إليهم، فتَشَرَّبها عدد من العرب، قرؤوا كتبهم وتعلّموا أحكام شريعتهم، وأنِفوا أن يركعوا لأصنام لا تضرّ ولا تنفع، وأبت عقولهم الصحيحة وقلوبهم السليمة أن تتشرَّب فكرة ديانة البشر لغير خالق السماء والأرض، ولا السجود لأصنام يصنعونها بأيديهم.

كانت خديجة مشغولة بالتوحيد نابذةً ديانةَ الوثنية، تتردّد على ابن عمّها ورقة بن نوفل تسأله عن الأخلاق الحميدة والدين، وكان مُوَحِّدًا قد قرأ التوراة والإنجيل، وكان يكتب الكتاب العبراني، ويكتب من الإنجيل ما شاء اللّه أن يكتب، وقيل: كان من الذين تحنّفوا على ديانة إبراهيم -عليه السلام- أو أنّه قد تنصّر.

كان ورقة يُحَدِّثها عن علامات النبوّة، ويخبرها بأنّ نبي هذا الزمان قد اقترب ظهوره، «وكانت الأحبار من

اليهـود، والرهبـان مـن النصـارى، والكهَّـان مـن العـرب قـد تحدثـوا بأمر رسول الله قبل مبعثه لمّا تقارب زمانه، فأمّا الرهبـان والأحبـار فممّـا عرفوه مـن التـوراة والإنجيـل، وأمّـا الكُهّـان فممّـا جاءتهـم بـه الشياطين فيمـا يَسْتَرِقـونَ مـن السـمع ممّـا كانـت تتذاكـره الملائكـة في السـماء، وكانـت الشـياطين لا تُحجـب مـن ذلـك قبـل بعثـة النبـي»، وكان بعـض الرهبـان يقـول: «يوشـك أن يولـد فيكـم مولـود تديـن لـه العـرب ويملـك العجـم هـذا زمانـه».

لـم تؤمـن خديجـة بالوثنيـة؛ وكانـت خياراتهـا مقرونـة دائمًـا باعتقادهـا أنّ اللـه هـو المعبـود الحـقّ، وذلـك قبـل أن يوحـى بالإسـلام، بـل إنّ اختيارهـا النبـي للـزواج كان لمـا اعتقدتـه فيـه مـن فضيلـة وخلـق وتوحيـد، فهـو شـابّ مسـتقيم الخلـق، لا يأتـي الفاحشـة، صـادق أميـن لا يشـرك باللـه شـيئًا مـن الأصنـام؛ ولمّـا نـزل الوحـي عليـه آمنـت مـن فورهـا، وظهـر تعلّقهـا باللـه، وتبـدّت ثوابـت عقيدتهـا في أبهـى صورهـا، فقالـت: «كلا والله لا يخزيـك الله أبـدًا، إنّك لتصـل الرحِـم، وتحمـل الكَـلَّ، وتُكسـب المعـدوم، وتَقـري الضيـف، وتُعيـن علـى نوائـب الدهـر». وهـذه كلّهـا أخـلاق رأت بأنّهـا كفيلـة بصيانـة النبـي الكريـم مـن الوهـم والزيـغ والضـلال، ومسـوّغات تؤكّـد أنّـه لـن يُضـام، فكان تفكيرهـا

ينبض بالوحدانية، ولفظها يعكس أخلاقَها وتصوّرَها عن الإنسان المثالي.

كانت قريش جزءًا من مجتمع قبلي اختلطت فيه عدد من الأخلاق الحميدة بغيرها، عاش العرب ردحًا من الزمان اعتادوا فيه على عادات تتناقض مع الفطرة السوية والأخلاق الفاضلة، فاتّخذ عدد من الجماعات والأفراد الإغارة والسطو وقطع الطريق لها سبيلاً، فكانوا يستولون على حقوق الآخرين بالغلبة، وكان الصوت الأعلى للقبائل القوية كثيرة العدد، أمّا الضعيفة فقد تُسبى نساؤها وأطفالها، ويُتَّخَذون عبيدًا وإماء بدون وجه حقٍّ، وكانت تنشب الحروب بين العرب لأتفه الأسباب، فقامت حرب البسوس أربعين سنة لأجل ناقة، وحرب داحس والغبراء لأجل سباق، وحرب الفِجار لكلمة، وهذا الأمر الذي جعل قبائل شبه جزيرة العرب ضعيفة متناحرة غير مُقَدَّرة بين الدول والأمم المحيطة. وكان من آثار تلك الحروب القبلية على خديجة أن قُتل أبوها وبعض إخوتها في حرب الفِجار، وذلك جعلها تعتمد على نفسها في إدارة شؤونها ومالها الذي ورثته عن أبيها.

ليس بعيدًا عن تلك الأخلاق الجاهلية عدمُ تقدير المرأة في كثير من الأحيان، فلا يأكل الرجل طعام زوجته

إن حاضت، كما كانت المرأة تُوَرَّث كما يورث المتاع، بل تُباع وتُشترى، إضافة إلى حرمان البنات ممّا يُحلّه الناس للذكـور، أو وَأْدِهـن أحيانًا.

ممّا ابتُلي بـه الناس في ذلك الوقت أيضًا أنهم استعبدوا الأحـرار دون وجـه حقّ، وأغفلـوا العلـم والقراءة والكتابة، وإن نبغوا في الشعر، كما أنّهم أكلوا الربا والميسر ومال اليتيم بالباطل، وكانـوا يتطيرون ويطعنـون في الأنسـاب ويستسـقون بالنجـوم ويستقسمون بالأزلام ويتشاءمون ويشقّون الجيوب عند الموت وينوحون، والناس بينهم طبقات: غني وفقير، سيد وخادم، وغير ذلك من الأخلاق السيّئة.

يُضـاف لـكلّ ذلك التعصّب للقبيلـة، حتّى جعلوها مقيـاس الشـرف، ومعيار النفوذ، فيتفاخرون بعضهم على بعض بالانتسـاب لبطـن ما، ويدور المـال في يـد القبيلة الأقـوى كثيـرة العـدد، أو في فئـة قليلـة منهـم، ويبقـى أتباعهـم فقـراء يبتغـون إليهـم الوسيلة؛ لينالـوا من فضلـة ما يمُنّـون به عليهم، فيُباح لهذه الفئة ما لا يُباح لغيرها، ليـس لكريـم خلـق أو لشـجاعة وفروسية وكرامـة ولكن للنسـب، فتـدور الأمـوال في يـد الأغنياء، فلا يـردّون على الفقـراء منهـا شيئًا، فجاء الإسـلام، فجعل نصيبًا للفقراء

والمسـاكين وغيرهـم مـن المحتاجيـن فـي مـال الأغنيـاء، وسـاوى بيـن السـادة والعبيـد فـي الحقـوق والواجبـات، ويبقـى لكبـراء القـوم وسـاداتهم التقديـر والتوقيـر بحسـب عـادات العـرب، فتنفّسـت الجزيـرة الصعـداء، وانتشـر الأمـن، واتّسـعت رقعتهـا حتّـى وصـل العـرب إلـى وسـط أوروبـا غربًـا، والصيـن شـرقًا بفضـل مـا نبـذوه مـن قلوبهـم ومجتمعهـم مـن تلـك الأخـلاق الجاهليـة والتعصّـب، وبفضـل رايـة السـلام وشـعلة النـور التـي حملوهـا للعالـم كلّـه.

مـع كل ذلـك فإنّ المـرأة لـم تكـن مبتذلـة تمامًـا فـي المجتمـع القبلـي، فمنهـنّ الموقّـرات اللواتـي رفضـن نكاح الجاهليـة، ومنهـنّ مـن أبيـن وأد البنـات، وحافظـن علـى أرواحهـنّ، ومنهـنّ مـن نأيـن عـن مواطـن الاتهـام، وحفظـن لأنفسـهنّ صفـات العفـاف والنجابـة، ولاسـيّما الحرائـر اللواتـي لـم يقعـن فـي السـبي والعبوديـة، كمـا كانـت المـرأة عمومًـا مرغوبـة مطلوبـة يتغـزّل بهـا الشـعراء، ويطمحـون للقائهـا، ويتغنّـون بصفاتهـا النفسـية والحسـية. فـي الخلاصة كانـت المـرأة تختـار لنفسـها المقـام الـذي تحـبّ أن تحـلّ فيـه بيـن الطهـارة والعفّـة أو الرذيلـة والسـفه، أمّـا الأمَـةُ فـلا حـول لهـا ولا قـوة، ممتهنـة لـدى مَـن يشـتريها، ومنهـنّ قلّـة كـنّ ينلـن حرّيتهـنّ.

وُلدت خديجة في بيت معروف بالثراء والكرم والنسب العالي بين القرشيّين، ومع ذلك لم ينغمس في الملاهي كما انغمست بيوت مشابهة في ذلك الوقت، فغير بعيد من بيت خديجة يقع بيت أبي لهب، وكان رجلًا غنيًّا موسرًا يحبّ جمع المال، ويكثر من اللهو والطرب وشرب الخمر، ولكن لم يَرِد أنّ بيت خويلد كان يقام فيه اللهو كبعض بيوت الأغنياء.

عاشت صباها مرفّهة منعّمة موسرة، ولكنّها أرضعت الفضيلة والعزّة والشرف، وورثت الحكمة وقوة الشخصية، في بيت أبيها الذي كان يأتيه كبار القوم.

من الأمور التي أسهمت في تقوية الصفات القيادية في شخصيتها أنّها استطاعت أن تتولّى زمام نفسها بعد موت أبيها وبعض إخوتها الذكور في حرب الفِجّار، ثمّ تَرَمُّلها وهي شابّة في مقتبل العمر، وقد ورثت المال الوفير من أبيها وزوجيها، فلم تجد غير أن تتولّى بنفسها إدارة المال والاتجار فيه، في استقلالية تامّة عن أهلها وعشيرتها، مع الحشمة والوقار حتّى اشتُهرت بذلك بين القرشيين.

نلفت إلى أنّ امرأة كخديجة ذات مال وجمال ونسب، تترمّل وهي في ريعان شبابها، ومقتبل عمرها، كانت

تُفتح لها الأبواب جميعها إلى الزواج إن أحبّت، ولكنّها رفضت ذلك بعد زوجها الثاني، كما أنّها لم تنزلق إلى مزالق الشبهة، ولم تحضر قطّ حفلات اللهو، فكانت موقّرة حيّية مهيبة، وقد طلبها كبراء قريش لكنّها رضيت بتربية أبنائها، وتكفّلت ببعض الأبناء الآخرين في بيتها، وظلّت تربّيهم جميعًا حتّى تزوجت من النبي ﷺ.

مِمّا حافظ لها أيضًا على علو شأنها وعفافها ومكانتها أنّها لم تباشر تجارتها بنفسها لئلّا تتعامل مع الرجال، ولم تتذرّع بالتجارة لتشرك معها غيرها من رجالات قريش، أو تختلط بهم في أسواقهم ونواديهم، بل كانت تكتفي بإدارة أموالها بنفسها، وتُفوّض مَن يقوم عليها من الرجال الأمناء مع ميسرة خادمها؛ وذلك لتحفظ عليها وقارها وحشمتها، وقد عرفت نساء مكّة لها هذه المكانة، فكنّ يأتينها إذا أردن أن يسمعن منها الحديث الطيّب، ويقتبسن الخلق الرفيع، فقد كانت تُلقّب: سيدة نساء قريش، وللعقل أن يتصوّر نظرة نساء قريش لامرأة تلقّب بهذا اللقب، ورغبتهنّ في الجلوس إليها.

في ظلّ هذا المجتمع الجاهليّ الذي اتضحت صورته وُلدت خديجة ونشأت، وأمضت طفولتها وصباها وشبّت حتّى تزوجت وأنجبت، ولم يُعرف عنها إلّا

الطهـارة والعفـاف، وهـذا يؤشّـر إلى عظيـم تدقيقهـا في سـلوكها، وقدرتهـا علـى تحديـد خياراتهـا التـي تتوافـق مـع طبائـع نفسـها، وفطرتهـا النقيـة، وكذلـك العنايـة الربّانيـة لامرأة سـوف تقترن بالنبي الأعظـم ﷺ، ويخلـد اسـمها مـع اسـمه، وتـذود عـن الديـن الجديـد الـذي يؤلّـف بيـن قلـوب النـاس، فيقضـي علـى الصراعـات القبليـة، وينقّـي نفوسـهم، فيقضـي علـى أسـباب الانحـلال والفحـش، ويهـذّب علاقاتهـم الماليـة، فيقضـي علـى الربـا والميسـر، وينظـم علاقاتهـم الاجتماعيـة، فيوطّـد أواصـر الصـلات المجتمعيـة، وتكـون القربى والنسـب هـي قربى الديـن والجوار وغيرهـا مـن الصـلات المجتمعيـة، لا مجـرّد نسـب الـدم والعصبية فـي الخيـر والشـرّ والحـقّ والباطـل.

زواج خديجة قبل الإسلام

عاشت خديجة حياة هادئة كأيّ فتاة قرشية، غير أنّ مولدها في بيت خويلد جعلها أوسطَ قُريشٍ نسبًا وشرفًا، وأكثرَهُم مالًا. وكُلُّ قومها كان حريصًا على الزواج منها، ثمّ سلكت في سنّة الزواج ما تسلكه كلّ فتاة تطمح إلى تكوين أسرة فاعلة، فتزوجت قبل الإسلام من أبي هالة بن زُرارة بن النباش، وكان ذا شرفٍ في قومه، وقد نزل مكّة وحالف بها بني عبد الدار بن قُصيٍّ، وكانت قُريش تُزوّج حليفَهم، ثمّ تُوفّي أبو هالة، فتزوجت عتيق بن عابد المخزومي، وبنو مخزوم من سادة مكّة وأغنيائها في ذلك الوقت.

رُزقت من زوجيها عددًا من البنات والأولاد، منهم هند بن أبي هالة، وله حديث في وصف الرسول، ولها منه أيضًا: ابن يسمّى هالة، والطاهر، والحارث، وزينب. ومن عتيق رزقت بهند بنت عتيق، وعبد الله.

سعت خديجة إلى أن تكون أمًّا مثالية، تنقل بأمانة ما تعلّمته في طفولتها إلى أبنائها من معاني الكرم والوفاء، وتضيف إليه سماتها الذاتية كالنبوغ والذكاء وحسن

الإدارة، وقد قصرت نفسها على تربية أبنائها، لم تفكّر بالزواج على الرغم من رغبة سادة قريش، وقد طلبوها وبذلوا لها الأموال غير أنّها كانت ترفضهم، ولم تغيّر هذا القرار إلّا بعد أن رأت في محمّد بن عبد الله من صدقه وأمانته وأخلاقه الفاضلة ما يجذب إليه أيّ امرأة فاضلة.

بقيت بلا زواج، تقوم على تربية أبنائها وبناتها، وهي في ذلك واثقة في اختياراتها، صارمة كالسيف، راسخة كالجبال، وعادة العرب آنذاك حبّ الزواج، وكراهة بقاء المرأة دون زوج، وهذا يسلّط الضوء على شخصية خديجة المتفرّدة التي تثق في نفسها إلى أقصى حدّ، ويُجلّي لنا سرّ فرادة هذه الشخصية الفذّة، وقدرتها على إدارة الذات والأسرة في نجاح فريد. استطاعت الحفاظ على الثنائيات الإيجابية التي لا ينفي أحدها الآخر، فامتناعها عن الزواج من كبراء قريش لم يجلب لها القدح، وبقاؤها دون زوج لم يجلب لها التهمة والشكّ، وهذا يجعل منها رمزًا حقيقيًّا للمرأة المعاصرة العصامية التي لم يشأ لها القدر أن ترتبط بزوج في مجتمع فيه أعين لا ترحم، وظنون لا تُحسن التقدير.

إنّ على المرأة التي لا تجد ظلّ زوج لسبب ما -سواء

أكان لديها أبناء أم لا- أن تتمثّل قصّة أمّنا خديجة وثباتها، فلا تعبأ بما قد تناله الظنون، وتطلقه سهام العيون، وتجترحه حصائد الألسن، فتحافظ على الرغم من تلك المعايب البشرية على ثقتها في نفسها، ولا تضع نفسها موضع شبهة لتحافظ على صفاتها الجليلة دون أن يجرؤ أحد على سلبها منها. كما يجب على المجتمع كفالتها وتوقيرها وتقديرها وإعطاؤها حقّها في الحياة الآمنة الهادئة، فتعمل وتتنقل وتتّجر مع الحفاظ على خصوصيتها ووقارها.

إنّ الفتاة الحازمة يجب أن يكون لها رأي في حياتها الخاصّة، ولاسيما أمر الزواج، وقد أظهرت خديجة إذا نظرنا من هذه الزاوية جانبًا من أهمّ جوانب شخصيتها، وأكملت لوحتها الفريدة، فلا تجد إلّا انسجامًا فذًّا وجَمالًا أخّاذًا، ولو بسط الذهن ظلاله على أطراف سيرتها لما وجد بأية حال سلوكًا أو صفة تتنافر مع إحدى صفاتها الأخرى، كأنّها جدارية فسيفسائية متآلفة، وخارطة ذهنية يمسك بعضها بزمام بعض.

تزوجت خديجة من شابّين ليسا خير من يُمَثّل قريشًا حسبًا ونسبًا على الرغم من كونها من أرفع قريش نسبًا، وهـذا إنّما يـدلّ على أنّها فتـاة تنظر إلى الحيـاة نظرة

مختلفة نوعًا ما عن بقيّتهنّ، ويرسخ فكرة ثقتها في قراراتها وقدرتها على الاختيار، وبالنظر في أطراف سيرتها يتعضّد هذا الحكم؛ فلم نجدها تميل إلى اللهو والطرب على الرغم من شيوعه، ولم تكن تختلط بالرجال في تجارتها، ولم تبحث عن مقدار غنى الزوج عند اختياره، ولم ترغب في الزواج بعد موت زوجها عتيق من أجل تربية أبنائها، ولما تزوّجت النبي محمّدًا لم تبحث فيه عن غنى، وهو الفقير، ولا العزوة الحامية وهو اليتيم، وإنّما بحثت عن الأخلاق والكرامة والنبوّة، وهذا كلّه يمدّنا بإثباتات كثيرة تؤكّد اختلافها عن غيرها.

التجارة ومسار التغيير

احترفت قريش التجارة لموقعها المتميّز على طريق القوافل بين اليمن والشام، ولوجود الكعبة في ديارهم المكّية، والعرب تحجّ إليها يتعبّدون الأصنام حولها بعدما انحرفوا عن التوحيد، وذلك جعل القرشيين تجّارًا أغنياء، غير أنّ قليلًا من نسائهم احترفن التجارة مثل الرجال، منهنّ من تتّجر بنفسها في مالها، ومن لا تستطيع أن تتّجر بنفسها أو بوكيل لها كانت تقرض المال بالربا، ومنهنّ من تتّخذ الرجال على مالها بأجر كخديجة.

ورثت خديجة مالًا وفيرًا، فاتّجرت فيه حتى أصبحت أكثر نساء مكّة مالًا، وكانت هذه التجارة الممهّد الرئيس لقيام الأسرة الأولى في بيت النبوّة، فدلفت إلى حياة النبي ﷺ من بابها، ودلف النبي إلى حياتها من الباب نفسه، وكانت رحلة النبي التجارية إلى بصرى الشام ملتقى طريقه بطريق خديجة، فالتقيا لتبدأ مسيرة نورانية ممتدة.

حيث أنه غير بعيد من منزل خديجة يسكن شابّ يتيم حَيِيّ، يعمل في الرعي، يعيش في بيت عمّه أبي

طالب، لا يعبد الأصنام، ملقّب بالصادق الأمين، لا يقترف ما يقترفه الشباب، ولا يسلك مسالكهم إلّا مسلك النخوة والحياء، وهو معروف بصدق حديثه، وعظم أمانته، وكرم أخلاقه، وقد قلَّ مال عمه أبي طالب بعد أن كبر سنّه، فلما سمع أنّ خديجة تريد رجلًا يخرج في تجارتها بِبَكْرتين (أي بناقتين فَتِيَّتَيْن)؛ عرض على ابن أخيه محمّد أن يخرج في تجارتها، فهو أقرب إليها نسبًا، فلما سمعت خديجة بذلك قَبِلت ورحّبت، وكانت تعرف ما يعرفه أهل مكّة من خلقه وصدق حديثه، وعظم أمانته. فأرسلت إليه تعرض عليه الخروج في تجارتها، وقالت لهُ: أنا أُعطيك ضعف ما أُعطي رجُلًا من قومك، أي تعطيه أربع بكرات، ففعل رسول الله. وأرسلت معه ميسرة، وكان هو الأمين على مالها، فخرج الاثنان إلى سوق بُصرى بالشام، فباع محمّد سلعته التي خرج بها واشترى غيرها، وقدم بما اشتراه إلى مكّة، فربحت تجارتها ضعف ما كانت تربح من مال.

لمّا رأت خديجة الربح الكثير أضعفت للنبي ضعف ما سمّت له، أيْ أعطته من المال ضعف ما اتفقا عليه من أجر، ليصبح أجره ثماني بكرات، وكانت قد اتفقت معه أن تعطيه من الأجر أربعًا كي يوافق على الخروج في

تجارتها؛ وذلك لما عرفت عنه من أمانة وصدق، وللقربى التي تصلهما، هذا يعكس قدرتها على إدارة أموالها، وذكاءها وفطنتها، وتقديمها المكافأة لمن يعمل معها إذا تسبّب في زيادة المال، فذلك أحفظ لمالها وأجدر أن تربح وتتضاعف تجارتها، فلم تترك زمام المسؤولية لمن لا خلاق له ولا قدرة ولا مؤهّلات تفضّله على غيره.

اتّجار خديجة في مالها من أهمّ مقوّمات شخصيتها الناجحة، فإدارتها له زاد من ثقتها بنفسها، فتضاعف مالها بفضل حكمتها في إدارته، فكانت ترسل في تجارتها الأمناء من القرشيين، فلا تختار إلّا من تراه جديرًا بذلك، وهذا مبدأ تجاري مهمّ يتأسّس عليه نجاح الشركات وتمدُّد التجارات.

بمقاييس هذا الزمان فإنّ خديجة تاجرة وسيّدة أعمال من الطراز الفريد، استطاعت أن تستثمر في أموالها، فتربح وتزداد ثروتها، وتتضاعف في ظلّ مجتمع يقال عنه -بلسان هذا الزمان- مجتمع ذكوري، فقد استطاعت أن تثبت جدارتها في إدارة أموالها، بعد أن ورثت مبادئ هذا الفنّ من أبيها، أحد كبار تجّار مكّة وأثريائها وأشرافها، لم تعبأ بأخطار الاتّجار بمحاذاة الرجال، وقد استثمرت مكانة مكّة التجارية بوصفها أهمّ المدن

التجاريـة التـي تقـع علـى خـطّ التجـارة بيـن اليمـن والشـام، كلّ ذلـك مـع الحفـاظ علـى وقارهـا وصيانتهـا مـن الاتصـال المباشـر بالتجـار والأسـواق، كمَـن يديـر شـركته مـن مكتبـه دون مباشـرة المصانـع والعمـال فـي البيئـة الحقيقيـة للاتّجـار، وفـي ذلـك مفارقـة مهمّـة يجـب الوقـوف عليهـا؛ إذ لا يمنـع المـرأة أن تصـون أخلاقهـا ومبادئهـا مهمـا وقعـت تحـت ضغـوطـات الحيـاة، وتعرّضـت لمحنهـا، أو واجهـت الرجـال وتعاملـت معهـم، سـواء فـي عمـل مؤسّسـي وظيفـي، أو فـي تجـارة وصناعـة، أو فـي معامـلات عبـر شـبكات الإنترنـت، فمـا تـزال للمـرأة المسـلمة والعربيـة معالـم هويّـة راسـخة، وثقـة فـي النفـس، وعـزّة توارثتهـا مـن منظومة قيـم ممتـدّة، وثقافـة أدبيـة وشـعرية جعلـت لهـا مكانـة عاليـة فـي نفـوس الرجـال، وتقاليـد وأعـراف ضاربـة بجذورهـا فـي أعمـاق التاريـخ، إضافـة إلـى موجّهـات أخلاقيـة ودينيـة حفظـت لهـا حشـمتها، ونظمـت علاقاتهـا مـع مجتمعهـا الخارجـي بيسـر ودقّـة وتـوازن.

كانـت التجـارة محطّـة مهمّـة عبَـرت خديجـة مـن خلالهـا جسـر الأيـام إلـى شـاطئ النبـي لتسـكن فـي ظـلال النبـوّة، فإنهـا لمّـا علمـت مـا علمتـه مـن أخبـار الرحلـة للشـام طلبـت الـزواج إلـى النبـي بعـد عودتـه بفتـرة وجيـزة، فوافـق، فكانـت

رحلة التجارة تلك سببًا مباشرًا في أن تكون خديجة أول امرأة في حياة النبي؛ لذلك تقع تجارتها موقعًا مهمًّا في حياة تلك الأسرة المباركة.

كانت التجارة سببًا مباشرًا جعل خديجة تتفيّأ ظلال الوحي، وتقترب من معين الهدى والفلاح، وتشقّ سبيلها في مفاوز الدنيا صابرة محتسبة قد سخرها الله تعالى لخدمة هذا الدين والوفاء لزوجها إلى أقصى حدّ يمكن تصوّره، وكانت محطّاتُ حياتها قبل الزواج من النبي ثمّ بعد الزواج منه وقبل بعثته محطّاتِ تصفية وتنقية؛ لاصطفاء واختيار إلهي قدّره الله تعالى لتكون خير معين ومؤازر لخير نبي من أولي العزم من الرسل، سيواجه مصاعب شديدة في بداية الدعوة، ويتغلّب عليها جميعًا مع زوجته المخلصة، ثمّ يقبضها الله تعالى في وقت حرج من الدعوة، فيمضي النبي بعدها حاملًا ذكراها في أعماق قلبه.

حين التقى القلبان

لقد جمعت خديجة من صفات الحُسن وكمال العقل ما لم تنله غيرها من النساء في زمنها، فقد كانت امرأة حازمة شريفة لبيبة، مع ما أراد الله لها من صفات الكرم والحكمة، وذلك قبل أن تقترن بالرسول ﷺ، وهذا يفسّر سرّ تميّزها بين النساء القرشيات قبل الإسلام بألقاب خاصّة دون غيرها، كالطاهرة والعفيفة والصديقة، حتّى تسيّدت بتلك الصفات، فسبقت نساء قريش جميعًا بلا منازع، فدُعيت بذلك: سيدة نساء قريش، وهذا أمر عظيم لا يُستهان به، ويدعونا إلى تأمّل سرّ فرادتها، وصفاتها التي أهّلَتْها لتقوم بهذا الدور. وذلك كلّه في الجاهلية حتّى إذا أسلمت ازدادت تألّقًا ونجابة.

تحرّك قلب خديجة نحو هذا الشابّ مدفوعًا بعقل واعٍ، فأنبتت بذرة التعلّق والمحبّة، ومن لا يحبّ محمّدًا! وهو الصادق الأمين، جميل المحيّا، حيي الوجه، واضح القسمات.

لم يكن محمّد مجرّد شابّ صادق أمين، ولكنّه أظهر قدرة فائقة على إدارة المال والتجارة، الأمر الذي أسهم

في تضاعف المكسب، وكذلك كان مباركًا تتجلّى معه أمور غير معتادة، فكان ميسرة يتتبّع أخلاقه وسلوكه، وطرق اتّجاره، ومدى صدقه وأمانته، ويراقب ما يجري له من خوارق الأمور، وما يشعر به من بركة وأنس معه، فأدرك أن محمّدًا نجيب ذكي ومبارك.

كان محمّد شابًّا مشغولًا بالتأمّل في أسرار الوجود، مفتونًا بالحكمة والصلاح، لا يعرف للرذيلة طريقًا، ولا للهو محلًّا، وقد رعاه الله وأنشأه في طفولته وصباه وشبابه، فلم يدعه يسلك درب الهوى لو أراد، ولا يخطو إلى الفاحشة -حاشاه- فنفس تقية عفيفة تسير في ظلّ هدى الله وإيوائه، أنّى لها أن تزيغ!

لمّا رجع النبي إلى مكّة من رحلة التجارة كان ثمّة قلب متلهّف إلى سماع خبر محمّد، كأرض متعطّشة للري، وكانت تنهال أخباره كشلّال من الدفء والحنين، تخضع له الجوارح وتنساب لرقّته العيون وتتشنف بخريره الآذان، راحت خديجة تسأل ميسرة عن خبر محمّد، وسرّ تضاعف تجارتها، فأخبرها أنّه فضلًا عن تضاعف تجارتها فقد رأى من خوارق العادة ما تذهل به العقول، فقد رأى ملكين يظلّان محمّدًا من الشمس إذا كانت الهاجرة واشتدّ الحرّ، وكذلك سمع الراهب نسطور

يذكـر نبوّتـه، وأنّـه سـيكون نبـي آخـر الزمـان، وذلـك لمّـا نـزل رسـول اللـه في ظـلّ شـجرة قريبًا مـن صومعتـه، فاطّلـع الراهـب إلـى ميسرة، فقـال لـه:

مَن هذا الرجل الذي نزل تحت هذه الشجرة؟

قال له ميسرة: هذا رجل من قريش من أهل الحرم.

قال له الراهب: ما نزل تحت هذه الشجرة قطّ إلّا نبي.

قال الراهب: أفي عينيه حمرة؟

قال ميسرة: نعم، لا تفارقه.

قال الراهب: هو نبي، وهو آخر الأنبياء.

أخبـر ميسرة خديجـة بـكلّ ذلـك، فلـم تصبـر خديجـة حتى أرسلت صديقتها نفيسة بنت منية إليه دسيسًا (أيْ في الخفاء) لتعرّض على محمّد الزواج.

قبـل أن تطلـب الرسـول لنفسـها ذهبـت إلـى ابـن عمّهـا ورقة بن نوفل، حملتها أقدامها تسعى علـى قلق وترقُّب، يسـوقها قلب مشغـول محبّ، وعقـل حكيـم فطن، وذهن شـارد هائـم، تسـأله عـن محمّـد، وتقصّ عليـه ما سمعته من ميسرة، وكانـت تتردّد عليـه تسـأله في أمـور الديـن، فقال لهـا: لئـن كان هـذا حقًّـا -يـا خديجة- فإنَّ محمّـدًا لنبي هذه الأمّـة، وقد عرفت أنّـه كائـن لهذه الأمّة نبي يُنتظر، وهـذا زمانـه.

رجعت خديجة بغير ما ذهبت به من قلق، فرضيت لما ذكره ابن عمّها واطمأنّت، وزاد انجذابها لمحمّد، جميل الخَلق والخُلق، عريق الحسب والنسب، مبارك تُظلّله سحب السماء، حيي ذكي ونجيب، كما كانت هي الثرية في حاجة لرجل يرعى تجارتها ويدير أموالها، ومن مثل النبي ﷺ الصادق الأمين الذي اختبرت فيه صدقه وأمانته وذكاءه في إدارة المال؟ وكذلك بركته التي نتجت عنها مضاعفة الربح، لِم لا تعرض نفسها عليه للزواج؟ ولكن عادة القوم لا تسمح بذلك، فالمرأة مطلوبة مرغوبة، لا تعرض نفسها، وهو أمر مكروه عندهم، وسبب للمعايرة إذا فعلته امرأة.

لم تتردّد خديجة في طلب محمّد للزواج، وهي التي كانت تتأبّى على كبار القوم من قريش، وهو الفقير اليتيم، ولكن امرأة حكيمة فطنة مثلها لا تجد حرجًا من مخالفة ما اعتاد عليه العرب من أنّ المرأة تُطلَب ولا تَطلُب، مادامت ترى في ذلك خيرًا عظيمًا لها، فالرجال ليسوا سواء، ومحمّد ليس كبقية الرجال، وهذا يؤكّد تفرُّد شخصيتها وقوّتها وقدرتها على إدارة نفسها نحو ما يجلب لها السعادة والخير، طلبته إلى نفسها، ففازت بأنّها أصبحت أمّ المؤمنين الأولى، وأهمّ امرأة في حياة

النبي في بداية الدعوة، ونالَت أجرًا عظيمًا في الآخرة، وبقي النبي يحمل لها الحبّ والوفاء في حياتها وبعد موتها.

هذه الفطنة تتجلّى أيضًا في المبرّرات التي اتكأت عليها عندما طلبته لنفسها. قالت خديجة لمحمّد: يا بن عمّ، إنّي قد رغبت فيك لقرابتك وسِطَتك في قومك وأمانتك، وحسن خلقك، وصدق حديثك.

كانت خديجة تتحيّن مثل هذا الزواج، وتشعر أنّ ثمّة هدية سماوية ستحطّ في بيتها، وقد رُوي أنّها رأت رؤيا قبل أن تتزوج من النبي، فقد رأت أنّ الشمس تنزل من السماء وتدخل بيتها، ولما طلبت من ابن عمّها ورقة تأويلها بشّرها، وذكر لها أنّ ثمّة نورًا يدخل بيتها، وأنّ هذا النور قرشي من بني هاشم، وكانت خديجة تسمع كغيرها من أهل الكتاب أنّ نبي آخر الزمان أوشك أن يخرج؛ وظلّت تترقّب ظهوره وهي مشغولة بصفاته وتَسأل عنها، ولما سمعت حديث ميسرة في النبي والكرامات التي رآها معه في رحلتهما إلى الشام؛ لعلّها أدركت بفطنتها أنّه سيكون نبي آخر الزمان، فتزوج النبي خديجة بعد عودته من الشام بشهرين وخمسة وعشرين يومًا.

كانت على موعد مع تحوّل كبير في حياتها، وجائزة تضعها على طريق الرفعة، وفي قاطرة العظماء الخالدين. إنّ رجاحة عقلها واختلافها عن أكثر النساء دفعاها إلى أن تُقبل على خيارها هذا الذي كان سببًا مباشرًا في مجدها الذي تبوّأته.

رضيت بالانتظار حتّى تجد الزواج الأمثل، فالزوج له دور عظيم في بناء الأسرة التي تُعدّ بمثابة الأساس الذي تؤسَّس عليه الأوطان؛ فأهمّيتها غير خافية، بوصفها عامل ثبات، وصمّام أمان من خطوب الزمان وعوامل الهدم. فأقبلت على خطبة محمّد لنفسها بنفس توّاقة للاقتران بزوج كفء جدير، ذي خلق رفيع، إدراكًا منها لفضيلة اختيار الزوج الصالح بوصفه كنزًا وأمانًا وذخرًا.

لقد كان لعملها بالتجارة دور كبير في بناء شخصيتها وتحديد خياراتها؛ فلا يخفى أنّ الذي يعمل بالتجارة يكون أكثر خبرة بالحياة وشؤونها لما قد يعترضه من مواقف متعدّدة ومختلفة، هذه المواقف تستوجب منه ردّة فعل مختلفة، ومع الوقت تتشابه المواقف، ويكون التعامل معها بنجاح أسهل ممّا سبقها، وقد كانت خديجة صاحبة تجارة، خبيرة بشؤون الربح والخسارة، تطّلع على أسرار النجاح وسبله، وتدرك من خبيئة الأمور ما

يغفل عنها العوام، وترتيب الأولويات ما لا يقدّره ضعاف العقول. فكسرت لهذه الأسباب وغيرها عادات مُتَّبعة رأت أنّها تتعارض مع قيمها الذاتية وخياراتها المبرّرة، وخرقت توقّع المجتمع بتقدير مصالحها وتغليبها، دون الإخلال بالذوق العام والأدب الجمّ الرفيع، فلم تطلب الزواج في أول الأمر بنفسها، ولكنّها أرسلت في طلبه تحرّزًا بالحياء من التبذّل، وبالعفاف من التكشّف، فلا يضرّها إن رُفضت، ولا يعلم بِسرّها إلّا من طَلَبت.

خديجة حسيبة في قومها، ومحمّد رجل فقير يتيم، كما أنّه يصغرها سنًّا، ولكن لا ينبغي لامرأة راشدة أن تنقاد لعُرف يمكن خلخلته من أجل المصلحة الممتدّة، فكسرت بذلك النمط الذهني لطريقة الزواج التقليدية التي تتطلّب أن يكون الرجل أكبر من المرأة، وكذلك أن يطلب هو خطبتها. فأرسلت من ينظر رأيه قبل أن تطلبه، اختارت نفيسة بنت منية لتلك المهمّة، فذهبت إليه دسيسًا، فقالت له:

يا محمّد ما يمنعُك أن تَزوّج؟

فقال: ما بيدي ما أتزوّجُ به.

قالت: فإن كُفيت ذلك، ودُعيت إلى الجمال والمال والشرف والكفاءة ألا تُجيب؟

قال: فمن هي؟

قالت: خديجة.

قال: وكيف لي بذلك؟

قالت: عليّ.

قال: فأنا أفعل.

ذهبت نفيسة إلى خديجة فبشّرتها وأخبرتها أنّ النبي أبدى موافقته، وهنا طلبته خديجة بنفسها. فقالت: يا بن عمّي، إنّي قد رغبت فيك لقرابتك ووساطتك في قومك وأمانتك وحسن خُلقك وصدق حديثك.

وروي أنّ أخت خديجة هي التي عرضت ذلك على الرسول، ذكره عمّار بن ياسر وكان تربًا للرسول وصاحبًا وإلفًا، وقد خرجا في أحد الأيام حتّى إذا كانا بالحزورة- سوق مكّة- أجازا على أخت خديجة، وهي جالسة على أدم (تمر أو خبز أو جلد) تبيعها، فنادت عمّارًا، فانصرف إليها، وانتظره رسول الله غير بعيد.

فقالت لعمّار: أما لصاحبك هذا من حاجة في تزويج خديجة؟

قال عمّار: فرجعت إليه فأخبرته.

فقال: بلى، لعمري.

قال عمّار: فذكرت لها قول رسول الله.

فقالت: اغدوا علينا إذا أصبحنا.

فلمّا قيل ذلك لرسول الله ﷺ ذكره لأعمامه، فجاء آل عبد المطلب وعلى رأسهم حمزة وأبو طالب إلى بيت خديجة، وكان في استقبالهم عمّها: عمرو بن أسد، وابن عمّها ورقة بن نوفل.

دخل حمزة وأبو طالب على بعض أهلها فخطباها إليه، فتزوّجها بعد أن أصدقها عشرين بكرةً (أيْ أنثى الإبل الفتيّة)، وكان عمره حينئذ خمسًا وعشرين سنةً، وكانت هي تكبره ببضع سنوات، وقيل بخمس عشرة سنة.

خطب أبو طالب في مجلس العقد، وكان معه بنو هاشم ورؤساء مضر، فقال: «الحمد لله الذي جعلنا من ذرّية إبراهيم، وزرع إسماعيل، وضِئْضِيئ (أي: الأصل) مَعَدٍّ، وعُنصر مُضر، وجعلنا حَضَنَةَ بيته، وسُوَّاسَ حرمه، وجعل لنا بيتًا محجوجًا، وحرمًا آمنًا، وجعلنا الحكّام على الناس، ثمّ إنّ ابن أخي هذا محمّد بن عبد الله لا يوزن به رجل إلّا رجح به، وإن كان في المال قُلٌّ، فإنّ المال ظلٌّ زائل، وأمر حائل، ومحمّد مَن قد عرفتم قرابته، وقد خطب خديجة بنتَ خُويلدٍ، وبَذَل لها من الصداق ما آجله وعاجله من ماله، وهو والله له بعد هذا نبأ عظيم،

وخطب جليل».

بعد أن انتهى أبو طالب من خطبته قام ورقة فقال: «الحمد لله الذي جعلنا كما ذكرت، وفضلنا على ما عددت، فنحن سادة العرب وقادتها، وأنتم أهل ذلك كلّه، لا ينكر العرب فضلَكم، ولا يردّ أحد من الناس فخركم وشرفكم، ورغبتنا في الاتصال بحبلكم وشرفكم، فاشهدوا عليّ معاشر قريش: إنّي قد زوّجت خديجة بنت خويلد من محمّد بن عبد الله وذكر المهر»، فقال أبو طالب: قد أحببتُ أن يُشرككك عمّها، أي عمرو بن أسد، فقال عمّها: «اشهدوا عليّ معاشر قريش إنّي قد أنكحت محمّد بن عبد الله خديجة بنت خويلد؛ فهو والله الفحل الذي لا يُقرع أنفه»، ثم أَوْلَمَ النبي بجزور أو جزورين، وأطعم الناس، وعمّت الفرحة ديار القرشيين. وأمرت خديجة جواريها أن يرقصن ويضربن الدفوف، وفرح أبو طالب فرحًا شديدًا بابن أخيه، وقال: «الحمد لله الذي أذهب عنا الكرب، ودفع عنا الغموم، وكانت هذه الوليمة أول وليمة أولمها رسول الله صلّى الله عليه وسلّم.

إنّها قصّة زواج غير اعتيادية بكلّ المقاييس، لم تعبأ خديجة ولم يعبأ النبي بكونها مختلفة عمّا هو شائع،

لـم يُلقيا آذانهمـا لمـا يُقال أو سيُقال، مناط اختيارهمـا هـو الأخلاق والسمو الروحي والمعرفي والكفاءة، وهنا تصبح الفـروق الأخـرى لا قيمـة لهـا عنـد أصحـاب العقل الصحيـح والمنطـق السديد والموقـف الراسخ.

كان زواجًا مختلفًا؛ فالـزوج فقيـر يتيـم، والزوجـة غنيـة تاجـرة ذات مـال كثيـر، والعـادة أن يتـزوج الغنـي الغنيـة، والـزوج يصغـر زوجتـه، والعـادة تقتضي عكـس ذلـك، والـزوج شابّ لـم يقبل على زواج مـن قبـل، والزوجـة أرملة، ولهـا عيـال تقـوم على تربيتهـم، والزوجـة تطلب بنفسها ممّـن اختارتـه والعـادة أنّ الـزوج هـو الـذي يتلمّـس مـن النسـاء امـرأة تناسبه ثـمّ يُرسِـل فـي طلبها.

لقـد صدقـت نبـوءة خديجة، وجـاءت اللحظـة التـي كانـت تتحيَّنُهـا، وهـا هـي تسـتدعي ذاكرتها يـوم اجتمـاع نسـاء أهـل مكّـة فـي عيـد لهـنّ فـي الجاهلية، فتمثّـل لهـنّ رجـل، فلمـا قـرب نادى بأعلـى صوتـه: يا نسـاء مكّـة، إنّـه سـيكون فـي بلدكـنّ نبـيّ يُقـال لـه أحمـد، فمـن اسـتطاع منكـنّ أن تكـون زوجًـا لـه فلتفعل، فرمينـه بالحجارة إلّا خديجة، فإنّها عضَّـتْ على قولـه (أيْ أدركتـه ووعيته)، ولـم تتعـرّض للرجـل بسـوء، وانتظرت اللحظـة التـي تجمعهـا بنبي آخـر الزمـان، فـلا شـكّ أنّهـا سـمعت مثـل غيرها مـا

قيـل لعمّهـا، وهـو فـي رحلـة الشـام الأولـى، وكان معـه ابـن أخيـه محمّـد، ولـه اثنـا عشـر عامًـا تقريبًـا، مـن أنّ هـذا الغـلام الـذي معـه سـوف يكـون لـه شـأن، ومـا قيـل فـي الكرامـات التـي وقعـت لـه فـي هـذه الرحلـة، ومـا قيـل فـي قصّـة بحيـرا الراهـب وعلامـات النبـوة التـي رآهـا فـي النبـي ونصيحتـه لقومـه أن يعـودوا بـه إلـى مكّـة ويحمـوه، وغيـر ذلـك ممّـا تـردّد علـى أسـماع القرشيين حولـه، فلمـا رأت خديجـة فيـه مـن صـدق وأمانـة وخلـق، وسـمعت عنـه مـن كرامـة وخـوارق لا تحـدث لغيـر الأنبيـاء وقـع اختيارهـا عليـه، وفـي ذلـك فراسـة لا تخفـى.

يُسافِرُ الشَّوقُ في قلبي يخوضُ دمي   لِمَنْبَعِ الحُبِّ والإحسانِ والحِكَمِ

هـو الرَّسـولُ الـذي ظلّـتْ مَناقِبُهُ   بـدرًا بـهِ أهتـدي في حالِـك الظُّلَـمِ

إنّ كلّ المؤشّـرات تـدلّ علـى أنّ لديهـا يقينًـا بـأنّ زوجها سـوف يكـون نبيًّـا مرسـلًا، ومـن ذلـك مـا روي عـن النبـي صلّـى الله عليـه وسـلّم أنّـه كان عنـد أبـي طالـب، فاستأذنه أن يتوجّـه إلـى خديجـة فأذن لـه، وبعـث بعـده جاريـة يقال لهـا: نبعـة، فقـال: انظـري مـا تقـول لـه خديجـة.

قالـت نبعـة: فرأيـت عجبًـا، مـا هـو إلّا أن سـمعت بـه خديجـة، فخرجـت إلـى البـاب، وقالـت: أرجـو أن تكـون أنـت النبـي الـذي ستبعـث، فـإن تكـن هـو فاعـرف حقّـي

ومنزلتـي، وادعُ الإلـه الـذي يبعثك لـي.

فقال لها:

«والله لئـن كنتُ أنـا هـو قـدِ اصطنعتِ عنـدي مـا لا أضيّعـه أبـدًا، وإن يكـن غيري فإنّ الإله الـذي تصنعين هذا لأجلـه لا يُضيّعـك أبـدًا». أراد النبي أن يعلمها أنّ القصد يجب أن يكـون لله تامًّا كامـلًا، وأنّ مـا كان لله فهو الباقي، ومـا دونـه زائـل، قـولًا كان أو فعـلًا، إخوّة كانـت أو صداقة:

مَـا كلُّ حَبْلِ أُخُـوّةٍ بالأوثقِ كَلَّا وليسَ صديقُكم بالأصدقِ
مَالـم يَكُـنْ للـهِ كلُّ أُخُـوّةٍ وصداقةٍ، مـا نَفْعُ أيِّ تَخَلُّقِ؟
للـهِ أسعى قاصـدًا لـو كانَ في دربـي رفـاقٌ أو بـدونِ تَرَفُّقِ
بَلَغَ العُلا مَنْ جَدَّ فيهِ وَمَنْ سَعى مُتَـزَوِّدًا بِالحُبِّ وَالقَلْبِ النَّقي

كانـت خديجـة الزوجـة الأولـى في حيـاة النبي، وهـذه فضيلة كبيرة لها، فلا شكَّ أنّ الزوجـة الأولـى دائمًا تكون محتضـن الذكريـات الجميلـة، والبنـاء الـذي يؤسّس على أرض مستوية نظيفة، يخـوض الرجل معهـا تجاربه الأولـى، ويسـلك بهـا كلّ طريـق باحثًا عـن سبل العيـش، ورغد الحيـاة، فإن رُزق المـال فإنّهمـا يعيشـان في هنـاء معًا، وإن لـم يُـرزق فإنّهمـا يصبران علـى شظف العيـش معًـا، فـلا تشكـر زوجـة مـع زوجهـا بمثـل مـا تشكر الأولـى غالبًا، وكذلك لا تصبر واحـدة مـع زوجها بمثل مـا تصبر الأولـى

غالبًا؛ إذ إنّها تقوم معه ببناء بيتهما، وهي تشعر بالملكية الخاصّة لكلّ شيء في هذا البيت، للزوج والمنزل والأبناء والمال، فتبذل كلّ ما تستطيع من أجل المحافظة على هذا العالم الخاصّ بها، وتحتضنه وتحتويه وتذود عنه، وتبذل فيه شبابها وصحّتها وعلمها دون كلل أو ملل، وذلك غير مَن تأتي بعدها؛ فقد يجد معها الزوج ألوان الفرح والسرور بعد ما أوشكت أن تتلاشى مع زوجته الأولى بسبب منغّصات الحياة، وطول العشرة والألفة وتكرار العادة، وعدم القدرة على التجديد والتغيير اللذَين يُدْخلان البهجة إلى النفس، ولكنّه قد لا يجد الحبّ الحقيقي، وليس في ذلك قاعدة مطّردة، وتبقى مصاعب الحياة هي المختبر الحقيقي لكلّ زوج وزوجة.

الأسرة المثالية

عـاش الزوجـان حيـاة هادئـة مطمئنّـة، وجـد النبـي مـن زوجتـه مـا لا يمكـن أن يجـده فـي غيرهـا، فقـد كانـت حريصـة علـى رضـاه بكـلّ مـا يُمكـن، ولـم يصـدر منهـا مـا يغضبه قطّ كمـا وقع مـن غيرهـا، كمـا أنّـه كان فقيـرًا عائلًا فأغنـاه اللـه بمالهـا.

قامـت خديجـة بشـراء منـزل وبنائـه ليكـون منـزل الزوجيـة، وقـد ابتنتـه قريبًـا مـن منـزل عمّـه أبـي طالـب فـي ربـاع بنـي هاشـم، وكان النبـي قبـل الـزواج عنـد عمّـه أبـي طالـب، فانتقـل بعـد الـزواج للعيـش معهـا. وقـد كان لهـا عـدّة دُور فـي مكّـة، فهـي مـن أغنيـاء قريـش، غيـر أنّهـا اتّخـذت هـذا البيـت لقربـه مـن دور بنـي هاشـم؛ فاختصّـت النبـي بـه. مـن بيتهـا هـذا شعّـت منـارة الهـدى، ورفرفـت رايـات الفضيلـة، وانبثقـت أنـوار النبـوّة ومصابيـح الفـلاح وشمـوس النجـاح، وصباحـات الأمـل والرشـاد، وبقيـت فـي بيتهـا هـذا حتـى ماتـت، وكان يسـمّى بيـت النبـي، وبيـت خديجـة، وإلـى هـذا البيـت الـذي أسّسـته ينتسـب آل البيـت الأشـراف ذوو الفضـل والطهـارة الذيـن زكّاهـم اللـه تعالـى فـي كتابـه

الكريـم؛ فقـد انقطـع نسـل النبـي ذكـورًا وإناثًـا إلّا مـن خديجـة وابنتهـا فاطمـة رضـي اللـه عنهمـا.

احتضـن بيتهـا الدعـوة لأكثـر مـن عشـر سنوات، واحتضنـت هـي النبـي خمسًـا وعشـرين سنة، ولـم يكـن علـى وجـه الأرض فـي أول يـوم بعـث النبـي ﷺ بيـت إسلام إلّا بيتهـا، وهـذا فضـل عظيـم لـم تؤتَـه زوجـة غيرهـا مـن نسـاء رسـول اللـه.

كافـأ اللـه أمَّ المؤمنيـن خديجـة ببيـت فـي الجنّـة مـن قصـب جزاءً لمـا قدّمتـه مـن مالهـا ومساندتها وحرصها، فقـد أسـهمت فـي تأسـيس أول بيـت مـن بيـوت النبـوّة، وأول بيـت بالإسـلام، بـدءًا مـن شـراء البيـت للـزواج، ثـمّ تربيـة الأبنـاء، والتفرّغ لهـم بتـرك التجـارة، وكذلـك مسـاندة الـزوج وتأييـده، ومسـاعدته والـذود عنـه، والصبـر معـه علـى الشـدائد، وهـذه مقوّمـات بنـاء الأسـرة؛ لذلـك استحقّـت بيتًـا موازيًـا لـه، لكنّـه فـي الجنّـة، وهـو بيـت مـن قصـب، كلؤلؤة واحـدة مجوفـة مسـتوية، ومَـن يسـتطيع أن يتخيّلـه وهـو لا يخطـر علـى عقـل بشـر!

سـلكت سـفينة الزوجيـن سـبل ربّهـا ذلـلًا، ومخـرت عبـاب الحيـاة، وضربـت فـي دروبهـا غيـر عابئـة بمشـاقّ الطريـق ولا هيّابـة أخطـار الزمـن، فالأمـر موكـول للـه، وكلاهمـا متعلّـق

بواحـد صمـد لا يُشرك بـه شيئًا، ينبـذ عقيدة الشـرك وعبادة الأصنـام، يتّجـر الـزوج في مـال زوجتـه بالحـقّ، ويُربّـي معهـا الأبنـاء، واستمـرّت الحيـاة السـعيدة الهانئـة وقلـب النبـي رابـض على مسـاحات الأمـل، متشـوّق لانفراج السـماء عـن أمرهـا، متلهّـف لشـيء لا يدريـه، ولكنّـه يحسّـه ويرجـوه، يعبـد إلهًا واحـدًا بـلا شريعة غيـر الدعاء والطواف بالبيت حتى اقترب الوحي، وصـار يخلـو في غـار حـراء، ويتعبّد الليالـي ذوات العـدد مترقّبًا الوحـي، وزوجتـه تترقّـب معـه.

رُزق النبـي مـن خديجـة الولـد، وكان ذلـك فضـلًا مـن اللـه تعالـى عليهـا، وإكرامًا لهـا، وخصيصـة اختصّهـا دون غيرهـا مـن زوجـات النبـي، فلـم يشأ اللـه أن تلـد لـه غيرهـا مـن زوجاتـه إلّا مارية المصريـة، وضعـت لـه إبراهيـم، وكان النبـي يقـول في فضـل خديجـة: «ورزقني اللـه عـزّ وجـلّ وَلَدَهـا إذ حرمنّي أولاد النسـاء».

رُزق النبـي مـن خديجـة أربـع بنـات وولديـن، القاسـم وعبـد اللـه وزينـب ورقيـة وأمّ كلثـوم وفاطمـة، فأمّـا الولـدان فقـد قُبضـا طفلَيـن، وكـذا ابنـه إبراهيـم، وأمّـا البنـات فقبضـن جميعهـنّ في حياتـه إلّا فاطمـة رضي اللـه عنهـا، قُبضـت بعـده ببضعـة أشـهر.

إنّ في ذلـك الفضـل تكريمًـا لهـا، حتّـى عـدّه النبـي

ﷺ من أسباب حبّه لها، فلا شكّ أنّ الرجل يميل إلى الإنجاب، ولاسيّما عادات ذلك الزمان؛ فقد كانت تُقاس فيه القبائل والأُسر بعدد الذرّيّة وكثرة الذكور فيها، وكانوا يتفاخرون بالذكور، ويخجلون من الإناث، فإذا بُشّر أحدهم بالأنثى ظلّ وجهه مسودًّا وهو كظيم من سوء ما بُشّر به، وتراوده نفسه: هل يدُسّها في التراب فيئدها ليتخلّص من عاره، أم يُمسِكها ذليلة مهينة؟ وهذا أمر في القياس غريب؛ إذ إنّ المرأة قد تفوق الرجل نجابة وذكاء ونفعًا ورفعة. كما يقول المتنبّي:

ومـا التّأنيـثُ لاسمِ الشّمـسِ عيـبٌ ولا التّـذكيـرُ فخـرٌ للـهـلالِ

إنّ المجتمع الجاهليّ كان يقوم على الحرب والعصبية؛ لذلك فهو يتحيّز للذكور؛ فهم مناط القوة ومستودع الشجاعة بما حباهم الله من صفات فسيولوجية جسدية تمكّنهم من الإغارة والدفاع.

لـم يكـن رسول الله سواء قبـل البعثة أو بعدها متحيّزًا للولد دون البنت، أو أنّه قد داخله ما كان يداخل قلوب العرب وقتئذ من ميل للذكور؛ والأدلّة على ذلك كثيرة؛ فلـم يـرد عنه قول واحد يدلّ على استقباله الولد بشكل مختلف عن استقبال البنات، كما أنّ أقواله في بناته ولاسيّما فاطمة ابنته كثيرة تؤكّد شدّة حبّة البنات،

وكذلك ما ورد في مداعبته حفدته وأسباطه ذكورًا وإناثًا.

لا يعني أنّ المناط الوحيد في تفضيل خديجة عن غيرها هو أنّها أنجبت له؛ كما لا يعني أنّ المرأة التي لم يرزقها الله الولد أقلّ من غيرها درجة، فهذا أمر مُقدَّر ليس لها فيه دخل، وإنّما الإنسان يُقاس بما يفعل ويقول، وبما يُقدِّم للناس من نفع، وما يترك من أثر، أمّا المقدَّر عليه فهو اختبار لأجل الصبر والشكر؛ فمن قبل قضاء الله بروح طيّبة كان الأقرب له، ومن قنط ويئس وشعر بالدونية فهو خلل في إيمانه، وإنّ الله مبتلٍ أقوامًا ليرفع درجاتهم، والابتلاء يكون بالنعمة كما يكون بسلبها، غير أنّ الزواج من المرأة الولود محمود بلا شكّ؛ من أجل استمرار النسل، وهو لا يعني ترك غير الولود بلا زواج، فلها حقّ على المجتمع أن تعيش آمنة مطمئنّة في ظلّ أسرة، كما أنّ من الرجال العقيم أيضًا، وكان نسوة من نساء الأنبياء قد عقمن كامرأة إبراهيم وامرأة زكريا، قبل أن يُرزقا بالولد، كلّ ذلك يجعل من فكرة تفضيل امرأة على أخرى لأنّها تنجب شرطًا تفضيليًّا وليس أساسيًّا، كما أنّ هناك مَن رُزِقت الولد فكان عذابًا لها، وتجرّعت به الحسرة والألم مرارًا بأشدّ ممّا تحسّرت به من لم ترزق الولد.

وَلدت خديجة للنبي زينبَ أوّلًا، ولمـا كبرت زينبُ رغبت خديجة في أن تُزوّجها من أبي العاص ابن اختها هالة بنت خويلد، وكانـت خديجة تَعدّ أبا العاص بمنزلة ولدهـا، وكان صاحب تجارة واسعة، ومـن رجـال مكّـة المعدوديـن مالًا وأمانةً، فسـألت النبي أن يُزوّجه زينـب، وكان الرسـول لا يخالفها، فزوّجه، وأهـدت خديجـة ابنتها قلادة ذهبيـة كانـت لهـا، ولهـذه القلادة قصّـة أخرى بعد غـزوة بـدر، تـدلّ علـى عظيـم وفاء الرسول وحبّه لخديجة بعـد موتها.

وَلدت خديجـة مـن الذكـور القاسـم، وبـه تكنّى الرسـول، فكان ينادى بأبي القاسم، وتوفّي صغيرًا، فكان أوّل أبنائـه مولـدًا ووفـاة. وولدت أيضًـا مـن الذكـور عبـد اللـه، وتُوفّـي صغيرًا، فلـم يشأ اللـه تعالى أن يجعـل للنبي عقبًـا مـن الذكـور، وذلك لحكمـة إلهيـة.

لمـا مات القاسـم حزنت خديجة حزنًا شديدًا، ولكنّهـا لـم تغيـب عقلها، وغلـب تصديقها وإيمانها عاطفتها، فروى الحسن بن علي عنها أنّـه لمّـا توفّي القاسم قالت: يـا رسـول اللّـه درّت لبَيْنـة القاسم، فلـو كان اللّـه أبقـاه حتّى يستكمل رضاعه، فقـال رسـول اللّـه صلّـى الله عليه وسـلّم: «إنّ تمـام رضاعه في الجنّـة» قالت: لـو أعلم ذلك

يـا رسـول اللّـه لهـوّن علـيّ أمـره، فقـال رسـول اللّـه صلّـى اللّه عليـه وسـلّم: «إن شـئت دعـوت اللّه تعالى فأسمعك صوتـه» قالـت: «يـا رسـول اللّـه بـل أصـدّق اللّـه ورسـوله»، وهـذا يـدلّ علـى شـدّة تصديقهـا الرسـول، وتفويـض الأمـر إليـه، واطّراحهـا بيـن يديـه.

صبـرت خديجـة مـع زوجهـا علـى فـراق ولدَيهـا القاسـم وعبداللـه، وهـو صبـر لا شـكّ عظيـم، ففَقـد الولـد ممّـا تتصـدّع لـه الأفئـدة، وتنسـاب لـه العيـون، وتخشـع لـه الأركـان، وتخـرّ القـوى والعزائـم هـدًّا، غيـر أنّ النفوس الشـريفة المتعلّقـة باريهـا تنظر إلى الأمـر مـن زاويـة الرضا بالقدر، والصبـر علـى المصيبـة، فاستمـرّت بهمـا الحيـاة تأخذهمـا بيـن فـرح وتـرح، وتضـرب بهمـا فـي أتون الرحلـة المصيرية مـن المهـد إلـى اللحـد، إمّـا أن يحفـل الإنسـان بالإنجـاز أو يُفلـس بالاستسـلام، وقـد اختـارت هـذه الأسـرة بقـدر الله الخيـار الأول، بفضـل امـرأة عظيمـة حكيمـة، وزوج ليـس كبقيّـة الرجـال خُلقًا ودينًا.

وَلـدت خديجـة أيضًـا رقيـة وأمّ كلثـوم، وتزوجتـا عتبـة وعتيبـة ابنـي أبـي لهـب، ولمـا نـزل الوحـي علـى رسـول الله أمرهمـا أبـو لهـب أن يطلّقاهمـا كيـدًا فـي رسـول الله ففعـلا. فصبـر النبي وزوجه علـى ذلك، فأبدلهما خيرًا من

عتبـة وعتيبـة، فقـد تزوجهمـا عثمـان بـن عفـان واحـدة تلـو الأخـرى؛ لذلـك لُقِّـب بـذي النوريـن.

وآخـر مـن وُلـدت لخديجـة فاطمـة، وهـي أصغـر بناتـه سِنًّا، وُلـدت قبـل البعثـة بخمـس سنوات، وهـي آخـر مَن مـات منهـنّ، وهـي التـي بقيـت مـن ولـد النبـي ﷺ بعـد موتـه، ماتـت بعـده بشـهور.

تفرغ الزوجة لبيتها

تفرّغت خديجة لبيتها، ورغبت عن تجارتها، وأوكلتها إلى زوجها يديرها، وإنّ تخلّيها عن التجارة يَنُمّ أيضًا عن صفة جليلة في هذه المرأة النجيبة، فأين ذهبت تجارتها بعد الزواج من النبي؟ وأين ذهب الحديث عن تجارتها بعد إسلامها؟

إنّ خديجة التي كانت من أكثر نساء مكّة مالًا، لكنّها خلعت عنها الانغماس في استكثار المال واستثماره لأجل التفرّغ لبيتها وأبنائها، وهم كُثر، ومساعدة الفقراء بأموالها، والبحث عن التجارة الباقية مع الله تعالى، ثمّ إنّها لم تكن محبّة للمال بقدر ما كانت امرأة حازمة ذات مال، وقع عليها عبء تربية أولادها بعد ترمّلها، وهذا يستوجب عليها أن تدير هذا المال؛ لذلك كانت تتاجر فيه في حشمة ووقار، فكانت تستأجر من يتّجر لها فيه، غير أنّها بعد الزواج لم يعد لذلك حاجة، إذ رزقت بزوج يكفل النفقة عليها، ويدير البيت ماليًّا.

إضافة إلى الحب العظيم الذي رسخ بقلبها، وهو كافٍ لأيّ امرأة كي تُوقِف نفسها وجهدها على زوجها وبيتها:

وميضُ حُبِّكَ مِـن أطوارِ تكويني   وفكرةُ البُعدِ تُشجيني وتُكويني

عَرَفتُ حبَّكَ حتّى صِرتُ أعشقُهُ   وأجملُ الحُبِّ حُبٌّ كانَ في الدّينِ

لعلّ امرأة من نساء هذا الزمان يصعب أن تتخيّل ترك امرأة المال وإخراجَه من حياتها لأجل زوجها والوفاء بمتطلّبات الأسرة وتربية الأبناء. إنّ امرأة ثرية هذا الثراء الموروث والمصنوع معًا؛ يصعب أن تتخلّى عن هذه التجارة الرائجة، ولكنّها فعلت ذلك حتّى قبل أن يصبح زوجها نبيًّا، فعلته قبل الزواج بدافع ذاتي فكري؛ لتؤكّد بدليل جديد أنّها متفرّدة حقًّا، ومختلفة عن أكثر النساء، فوهبت حياتها وتفرّغت تمامًا لخدمة زوجها ورعاية أسرتها، وأفرغت كلّ ما في صدرها من حبّ لمظاهر الدنيا وزينتها من أجل كسب قلب النبي ﷺ الذي بادَلَها الحبّ نفسه، ومنحها الوفاء الخالص الدائم، وعاش معها خمسة وعشرين عامًا وحدها دون غيرها.

ليس في ذلك دعوة لأن تترك كلّ امرأة عملها ووظيفتها، وأن تتخلّى عـن دورها المجتمعي الـذي لا يقوم إلّا بها بحجّة حبّ الزوج والوفاء له وللأسرة؛ فإنّ ثمّة متطلّبات لا تقـوم إلّا بمشاركة المرأة مجتمعيًّا، وثمّة وظائف لا تقوم إلّا بها، ولاسيما إذا كانت المرأة تعيش في المجتمع ضمـن منظومة مجتمعية تراعي حِشمتها ووقارها، وتُيسّر

لها الانخراط الاجتماعي والثقافي والحضاري اللائق دون كسر هيبتها، ولا يخفى أنّ عددًا منهنّ يُضطرُّ لمساندة الزوج في تكاليف المعيشة، فهذا جهاد واستبسال وتضحية؛ إذ تتكفّل بكلّ ما تقوم به المرأة غير العاملة ثمّ هي تقوم في إشراقة كلّ صباح تسعى على قوت أبنائها، أضف لذلك النسوة اللاتي فقدن أزواجهنّ أو ترمّلن أو طُلّقن، وليس لأبنائهنّ عائل إلّاهنّ، كلّ ذلك من الصابرات المحتسبات اللواتي يقمن بدور الرجل والمرأة على السواء، يسعى بهنّ قلب غير متهيّب، وعزيمة كالجبال الرواسي، وثقة نافذة، وقدرة ذاتية مُعزَّزة. غير أنّ ثمّة مَن قَدَّمَت التربية على العمل، ولاسيما إذا كفاهنّ الزوج مؤونة النفقة والحياة الكريمة، ووسع الله على الأسرة بما يكفل لها جودة البيئة الأسرية عِلمًا وتَعَلُّمًا وفكرًا وتَفَهُّمًا؛ وذلك أنّ رسالة المرأة السامية في رعاية الزوج والأبناء لا تقلّ بأية حال عن رسالة المرأة العاملة التي تسهم في رقيّ مجتمعها وأمّتها، وتبقى تداخلات الحياة ومتطلّباتها، وخصائص الزوجة وخياراتها، وحاجة المجتمع لها؛ كلّ ذلك يوجّه قضية الموازنة بين الوفاء بحاجة الأسرة للأمّ، وحاجة المجتمع لها.

السماء تدق أبواب الأرض

تعاقبت السنون، وأوشكت الأرض أن تتنفّس الصعداء، ووجه البشرية الذابل أن تجري فيه سيماء النضارة، وتضخّ فيه دماء البشر والسعادة، وأوشك نداء السماء أن يهطل على السهول والهضاب، وفيوضه تعانق الجبال والوهاد، وأمين الوحي جبريل أوشك أن ينزل بالقول الحقّ، والدين الخاتم.

لم يكن الرسول وثنيًّا -حاشاه- فقد كان موحِّدًا صفيًّا، لم يركع لصنم قطّ، وكذلك كانت خديجة مؤمنة بما آمن به واعتقد، كان يقول لها: «أي خديجةُ واللّه لا أعبُدُ اللّات أبدًا، واللّه لا أعبد العزى أبدًا»، فتقول: خلّ العزّى. وإنّ التخلّص من ربقة الانحطاط في الشرك يصفي الذهن لتلقي الحكمة والرشد، فسارت مع زوجها على درب التوحيد.

بدأ الرسول يرى الرؤيا في نومه فتجيء مثل فلق الصبح، وزوجته تستشرف أفق النبوة بفؤاد مصدق وقلب شفيق رفيق، وكانت لزوجها الصدر الحنون، والعقل الواعي الحكيم الذي يبثّ الطمأنينة والبشر عند

تلقّي أول الوحي، وهو أمر عظيم ينخلع له القلب، ويحار العقل كأمواج متلاطمة لا تقرّ إلّا على شاطئ يحتضنها، وكان الشاطئ حضنها وصدرها الحاني العطوف.

بعد مرحلة الرؤيا الصادقة حُبِّبَ للرسول الخلاء في غار حراء، فكان يصعد الجبل إلى الغار في الليالي ذوات العدد مُتعبّدًا لله قانتًا، وقد بسط فؤاده واستسلم به لتلقّي الأمر العظيم كأرض خصبة مستوية وممتدّة، لا عِوج فيها ولا أمتًا ولا حجارة، تنتظر الري السماوي لتثمر، في وقت كانت قلوب أكثر الناس بهماء غطشاء، لا زرع فيها ولا ماء، أقحلت من أمور الجاهلية والنزاعات، وأوحشت من العصبية والمعاصي، فهي مُضِلَّة كالبيداء.

اعتاد النبي في السنوات الأخيرة قبل الوحي على الخلوة في غار حراء، وكانت خديجة لا تتوانى في إعانته على ذلك، وتيسير أمر عبادته، مع أنّ ذلك كان منافيًا لما يسود مكّة من عبادة الأصنام والطواف حول الكعبة والأصنام المحيطة بها، ولم تكن الخلوة التعبّدية أمرًا معروفًا في العرب، ولكن خديجة مضت في تحمّل رسالتها تجاه زوجها كما يسّر الله لها، تحمل في ذهنها الأحداث والمواقف التي تؤكّد أنّ محمّدًا يسلك درب العظماء، وسبيل الأنبياء، ومسلك السالكين الأولياء،

فكانـت تعيـن الرسـول ﷺ علـى عبادتـه فـي خلوتـه غيـر متضجّرة ولا متأفّفـة، بـل تزوّده فـي الغار الـذي يبعد ميليـن عـن مكّـة بالـزاد والطعـام، وتنتظـره فـي بيتهـا فـي الموعـد المضـروب.

كانـت تذهب أحيانًـا مـع زوجهـا إلـى الجبـل، وتحمل معهـا الـزاد الـذي تصنعـه لـه لتعينـه علـى التعبّـد، وقـد نـذر النبـي مـرة أن «يعتكـف شهـرًا هـو وخديجـة بحـراء، فوافـق ذلـك شهـر رمضـان» وهـذا يـدلّ علـى أنّهـا كانـت تخلـو معـه أحيانًـا تتعبّـد، وكانـت أحيانًـا أخـرى ترسل الـزاد إليـه فـلا تذهـب بنفسـها، وذلـك علـى الرغـم مـن أنّ مـا يفعلـه مـن الانقطـاع للعبـادة فـي الجبـل أمـر غيـر معتـاد عليـه، ولا تتقبّلـه امـرأة فـي زوجهـا فـي ذلـك الزمـان، وهـذا يؤشّـر إلـى أنّهـا كانـت مدركـة أنّ زوجهـا يستعـدّ لتلقّـي الأمـر العظيـم.

فـي ليلـة نـزول الوحـي لـم تذهـب معـه، فأرسلـت لـه الـزاد مـع رُسُلِـها فلـم يجـدوه، أو أنّـه تأخّـر فـي تلـك الليلـة، فأرسلـت رسـلها فـي طلبـه إلـى بيـت أعمامـه وإلـى الغـار فلـم تجـده، فشـقّ عليهـا ذلـك وقلقـت عليـه. وإن المـرأة المُحبّة تكـون دائمًـا قلقـة علـى زوجهـا، تتحسّـس مواطـن ذهابـه وإيابـه، وتسـأل عنـه اطمئنانًـا لا تشكّكًـا، وتصحبه إلـى بعـض أعمالـه حبًـا وتقرّبًـا لا غِيـرةً وتَحَـرُّزًا، وذلـك عكـس مـا

بلغ بعدد غير قليل من نساء اليوم من الجفوة والقسوة وعدم التودّد؛ بسبب ما وقع بين أيديهنّ من شواغل عن الزوج، من وسائل تواصل وتلفاز وملهيات لا تعدّ ولا تُحصى، فسؤال المرأة عن زوجها له بلا شكّ عظيم الأثر، وجليل القدر في صدره، ويرسّخ المحبّة، ويصنع ذكريات ذات أثر غائر في القلب لا يسهل نسيانها أو التنكّر لها.

جاء الحقّ رسولَ الله وهو في إحدى الليالي في غار حراء يتعبّد، ونزل أمين الوحي جبريل -عليه السلام- بأول سورة العلق. قال جبريل: يا محمّد، أنت رسول اللّه، وأنا جبريل، فرفع النبي رأسه إلى السماء لينظر، فإذا جبريل في صورة رجل صافٍّ قدميه في أفُق السماء، يقول: يا محمّد، أنت رسول اللّه، وأنا جبريل، فوقف النبي ينظر إليه، فما يتقدّم ولا يتأخّر، وجعل يصرف وجهه في آفاق السماء، ولا ينظر في ناحية منها إلّا رآه كذلك.

قال جبريل للنبي: اقرأ، قال النبي: ما أنا بقارئٍ، فأخذه جبريل وضمّه حتّى بلغ منه الجهد والمشقّة ثُمّ تركه، فقال له: اقرأ، قال النبي: ما أنا بقارئٍ، فأخذه جبريل وضمّه الثانية حتّى بلغ منه الجهد ثُمّ أرسله، فقال جبريل: اقرأ، فقال: ما أنا بقارئٍ، فأخذه فضمّه الثالثة ثُمّ

أرسله، فقال: (اقْرَأْ بِاسْمِ رَبِّكَ الَّذي خَلَقَ (1) خَلَقَ الْإِنْسَانَ مِنْ عَلَقٍ (2) اقْرَأْ وَرَبُّكَ الْأَكْرَمُ (3)) [سورة العلق: 2].

بقي النبي واقفًا مذهولًا ممّا رأى وسمع حتى أرسلت خديجة رسلها في طلبه، فلمّا رجع إليها قالت له: يا أبا القاسم أيـن كنت؟ فو الله لقد بعثت رسلي في طلبك حتّى بلغوا مكّة ورجعوا إليّ، أيـن كُنت؟ فقال: «إنّ الأبعد لشاعر أو مجنون»، وهي عبارة تُقال للتعبير عن القلق أو الخوف ورؤية شيء خارق للعادة، فقالت: أُعيـذُك باللّه مـن ذلك، ومـاذا يـا بـن عمّ؟ لعلّك رأيت شيئًا؟ قال: «نعم».

ثُمّ حدّثها بما وقع له، فقالت: أبشر يا بن عمّ، فوالذي نفس خديجة بيده إنّي لأرجو أن تكون نبي هذه الأُمّة.

رسولَ اللهِ يـا نبعَ ارتوائي وشمسي في التّشرُّدِ والتّنائي

سَقيتَ الرُّوحَ إيناسًا وحُبًّا بذكرِكَ فارتقتْ صوبَ السّماءِ

ما أجمل أن تكون المرأة حكيمة لا تعصف بها العواطف أو الأهواء! فثبات خديجة في هذا الموقف يتبدّى من ردّها على النبي، كانت واثقة تمام الثقة من أنّ زوجها ينتظر شيئًا عظيمًا من السماء، وأنه لن يُضام؛ فأخلاقه ورؤاه، والبشريات التي سيقت له، وتَقَرُّبه من ربّه في زمن ساد فيه الشرك؛ كلّ ذلك لا يشي إلّا بالخير، ولا

يبشّر إلّا بما تَقَرُّ به العيون والأفئدة.

هدَّأتْ خديجة زوجها بعد أن كان يرجُفُ فُؤادُه، فطلب أن تُغَطِّيه بغطاء ليدفّئه، قال لها: زمّلوني، زمّلوني، فزمّلَتْه بغطاء عندها حتّى ذهب عنه الرّوع، قال لها: لقد خشيت على نفسي، فقالت: كلّا واللّه ما يُخزيك اللّه أبدًا، إنّك لتصل الرحم، وتحمل الكلّ، وتكسب المعدوم، وتقري الضيف، وتُعين على نوائب الحقّ.

بهذه الكلمات الطيّبة التي زيّنت بها خديجة مفهوم المحبّة والوفاء والحكمة والمودّة؛ استطاعت أن تدفّئ فؤاد زوجها، وتَحُفَّه بالسكينة، لتضرب بذلك أروع المثل للزوجة الحكيمة الرؤوم التي تحتضن زوجها في الملمّات، فتريح قلبه، وتذهب عنه الروع والقلق، فيعود قويًّا صلبًا يواجه المصاعب والتحدّيات بروح وثّابة وقلب قرير.

انطلقت به خديجةُ حتّى أتت ورقة بن نوفل، وكان شيخًا كبيرًا قد عمي، وكان مُوَحِّدًا، له علم بالكتب السماوية.

هكذا يجب على الإنسان إذا احتزبه أمر من أمور الدنيا أو الدين فعليه أن يذهب إلى أهل التخصّص، فكلّ علم فنّ له أدواته وأصحابه الذين أفنوا في تلقّيه

عمرهم، وقد ورد أنّ ورقة كان يذهب إلى الآفاق يبحث عن العلماء ويتعلّم. وإنّ بين أيدي الناس في كلّ البلاد مؤسّسات دينية يمكن أن يستفتوا عن أمور دينهم من خلالها، ولا يذهبون فيحتطبون الفتاوى كحاطب ليل، فهو يجمع الدُّرَّة كما يجمع البعرة والصخرة، ويجمع الخزف كما يجمع الصدف.

قالت خديجة لورقة: يا بن عمّ، اسمع من ابن أخيك، فقال له: يا بن أخي ماذا ترى؟ فأخبره رسول الله ﷺ خبر ما رأى، فقال: هذا الناموس الذي نزّله اللّهُ على موسى، يا ليتني فيها جذعًا، ليتني أكون حيًّا إذ يُخرجك قومك، فقال رسول اللّه: «أوَ مُخرجيّ هُم؟»، قال: نعم، لم يأت رجل قطُّ بمثل ما جئت به إلّا عودي، وإن يُدركني يومك أنصرك نصرًا مُؤزَّرًا. ثُمّ لم ينشب ورقة أن توفّي، وفتر الوحي».

أخبر ورقة الرسول أنّ هذا هو خبر السماء، وهو وحي من الله إليه، نزّل به جبريل على قلبه رسولًا من الله إلى الناس كافّة، وتمنّى لو أنّه كان شابًّا يناصر النبي يوم يخرجه قومه من مكّة، فتعجّب النبي، وقال: وهل قومي سيخرجونني عندما أدعوهم إلى الله؟ قال له: ما مِن نبي أُرسل بما أُرسلت به يا محمّد إلّا آذاه قومه.

عندها أدركت خديجة مشقّة الطريق، وتيقّنت بعقلها اليقظ وفؤادها الواعي من أنّها ستسلك مع النبي دروبًا وعرة شاقّة، كأنما تسير على شوك، وكانت في أتمّ استعداد لحمل الأمانة مع زوجها.

أسلمت في حينها، وآمنت، وكانت أوّل من آمن بالنبي وما جاء به. وما لبث ورقة أن توفّي بعد ذلك بقليل، كما أنّ الوحي تأخّر فترة من الزمن حتى ضاق على النبي وحزن حزنًا شديدًا لتأخّره.

لم يجد النبي حضنًا ألطف به ولا أرقّ وأشفق من حضن خديجة، فارتمى فيه باحثًا عن الاطمئنان والسكينة، وذلك عكس ما يقع من الأزواج الذين يجدون راحتهم مع أصدقائهم في فرحهم وترحهم، فما إن يرجع الزوج من عمله وينتهي من غدائه حتّى يُهرع خارجًا إلى صحبته في أنديتهم يسهرون، ولا يبالي بمشاعر زوجته، ولا تلهّفها عليه، وتشوّقها إلى الجلوس مع أولادها بين يديه، وهذه سنّة مهجورة، يجب أن نتلمّسها من موقف خديجة من زوجها وموقفه منها بعد نزول الوحي عليه.

كانت أيضًا تترك لزوجها فسحة من الوقت يخلو فيه مع نفسه وما يحبّ، بل تعينه على ذلك، فتزوده بالطعام والشراب ليخلو إلى ربّه في الغار، وهكذا تفعل الزوجة

الصالحة مع زوجها إذا كان استثنائيًا من ذوي المهارة والإبداع، فتتركه يخلو مع ما يحبّ من أعمال ومواهب؛ فإنّ إعمال الذهن والتأمّل والغوص بحثًا عن الأفكار يحتاج إلى ذهن خالٍ، ونفس صافية، وعزيمة متوثّبة، وقريحة متّقدة، وكلّ هذا لا يؤتى لأحد لم يجد الصفاء وراحة البال في أسرته ومع زوجته؛ لذلك فالمسؤولية أكبر على المرأة التي تجد أنّ زوجها مسؤول عام أُسندت إليه وظيفة عامّة كأولي الأمر والحكّام والرؤساء والوزراء وأمثالهم، أو أنّه من أصحاب المواهب كالعلماء والكتّاب والشعراء والمخترعين وملتقطي الأفكار، أو أنّه من أصحاب الوظائف الاستثنائية التي لا ينضبط لها وقت كالأطبّاء والشرطيين ومنتسبي الجيش ومزودي خدمات الكهرباء والهواتف، ومسؤولي الصيانة العامّة، وأمثال هؤلاء ممّن يضيق عن أعمالهم ومنجزاتهم الوقت؛ فهم دائمًا مشغولون.

إنّ زوجات هؤلاء يحملن مع أزواجهنّ رسالة الحضارة وأمانة العلم والمعرفة والتقدّم، وهكذا حملت خديجة زوجها إلى الشاطئ الذي كان يبحث عنه، دون ملل أو تأفّف. وعلى الزوج أن يردّ لزوجته الجميل، فيكون أشدّ وفاءً وحبًّا وتمسّكًا بها، كما أنّ الزوج الذي وجد زوجته

من هذه الفئة عليه أن يُقدّر موهبتها ويعينها ويجعل لها وقتًا مناسبًا تخلو فيه إلى نفسها.

إنّ مواقف خديجة الماضية تحفز الشعر فيقول يراعه:

في الغارِ ينـزلُ بالقرآنِ جبريـلُ   والكـونُ يغمرُهُ وحيٌّ وترتيلُ

(اقـرأ) نبيَّ الهـدى فاللهُ مُرسـلُكُمْ   بالنُّورِ للنّـاسِ جيلًا بَعْدَهُ جيلُ

خديجـةٌ مثـلُ أمٍّ تحتويـهِ ومَـن   كالأمِّ حبًّا ومَـن كالأمِّ متبـولُ

فآمَنَـتْ مَعَـهُ للـه طائعـةً   وآمنَ الحَبـرُ قالَ: النّصرُ مكفولُ

صُبَّ اليقيـنُ بقلبِ المُصطفى وأتى   للقَسِّ فاتّقدت منـهُ القناديـلُ

فأخبَـرَ القَسُّ أنّ اللـهَ أرسـلَه   بالحـقِّ، تَشهدُ توراةٌ وإنجيـلُ

قـالَ النّبيُّ أقومي مُخرجيّ؟ نعـم   والأمـرُ عنـدَ الـذي أوحاهُ موكـولُ

مِثـلُ النّبيّيـنَ كانـوا في أذًى أبـدًا   وحبلُهـمْ دائمًا باللهِ موصـولُ

هـذي الكريمةُ تخطو مَعْكَ في قلقٍ   عليكَ، لا تأسَ أنتَ اليومَ محمـولُ

فاركبْ سفينَكَ يا خيـرَ الورى حذِرًا   بأمّةٍ هدَّها قتـلٌ وتنكيـلُ

وامسحْ قلوبَ الورى واغسِلْ ضغائنَهم   لعـلَّ حاديَهـمُ بالنّـورِ مشمـولُ

يـا خَيـرَ مَـنْ أوتيَ الوَحْيَيـنِ قاطِبـةً   قلبي شَغوفٌ وَشِعْري اليومَ مَكبـولُ

هذا السِّراجُ غدَتْ في العُرْبِ شُعلتُه   للعالمينَ لكي تُمحى الأباطيـلُ

مِـن بعـدِ أن عبَدوا أوثانهـمْ فأتـتْ   بُشـراكَ فانهدمَتْ منهـا التّماثيـلُ

تأخّر الوحي بعد نزوله أوّل مرّة، فأصاب النبي من الهمّ الشديد ما جعله حزينًا مكتئبًا، وكانت من أشدّ الفترات

على نفسه، وكانت خديجة تبشّره وتطمئنه، وتؤكّد له أنّه رسول الله إلى الناس، وأن الله لن يخزيه أو يقليه، وتثبته وتهدّئ من روعه، وهو قلق حزين لتأخّر الوحي.

على الرغم من حزن النبي لتأخّر الوحي فقد كانت تؤذيه أيضًا شماتة المبغضين، فقد قالت له امرأة لما سمعت بتأخّر الوحي أيامًا: يا مُحمَّد، إنّي لأرجو أن يكون شَيْطانُكَ قَدْ تَرَكَكَ، لَمْ أَرَهُ قَرُبَكَ مُنذُ ليلتَيْن -أو ثَلاث-، وادّعى آخرون أنّ الله قد قلى النبي، مكذبين إيّاه.

إذا الفَجرُ ما آذاكَ إلّا شعاعُهُ فعتّقْ ظلامَ النفسِ بدّدْ شموسَها

وإنْ أنتَ لم تكبّحْ جماحَ طِماحِها لعَمري ستبقى دونَ قيدٍ حبيسَها

لئِنْ كانَتِ الأهواءُ في النَّفسِ جَذوَةً مِنَ النّارِ أطفِئها وَطيِّحْ رؤوسَها

كانَ يضيقُ صدرُ النبيِّ بما يقولون، فأنزلَ اللَّهُ عزَّ وجلَّ: ﴿وَالضُّحَى * وَاللَّيْلِ إِذَا سَجَى * مَا وَدَّعَكَ رَبُّكَ وَمَا قَلَى﴾.

كانت خديجة الحضن الذي احتضن النبي لمّا نزل الوحي أوّل مرّة، وكذلك لمّا تأخّر الوحي، وقد تأخّر مرتين؛ الأولى بعد نزول مطلع سورة العلق في أول الوحي، وكانت أربعين يومًا، والثانية بعد نزول عِدّة سور، انقطع فيها أقلّ من المرة الأولى، وقيل ثلاثة أيام.

في فترة انقطاع الوحي كانت تواسي زوجها، وترفق به، وتخفّف عنه ما به من حزن وهمّ، فقد كان النبي متشوّقًا أشدّ التشوّق إلى نزول الوحي ورؤية جبريل بعد المرة الأولى التي نزل فيها بمطلع سورة العلق، فكأنّ النبي يريد أن يتثبّت تمام التثبّت، ويتيقّن تمام اليقين من أنّ الله تعالى قد اختاره خاتمًا للنبيين، وكانت زوجته تدرك هذا الشغف، وتقف معه مستشرفة أفق النبوّة، متطلّعة إلى تكرار هذا الحدث الجليل، والهيبة تُظلّلهما، والقربى تفتح لهما بابًا إلى السماء مُشِعًّا بالكرامات، فيفيض عليهما شلّال من الرؤى الجليلة والطهر المثالي.

يعود جبريل فينزل بعد أن فَتَرَ الوَحْي، ينزل بمطلع سورة المدثّر، بينما كان النبي يمشي فسمعَ صَوْتًا من السماء، فرفع بصره قِبَلَ السماء، فإذا المَلَكُ الذي جَاءَه بِحِرَاءٍ قَاعِدٌ على كُرسِيّ بين السماء والأرض، ففزع النبي منه، حتّى هوى إلى الأرض، ثمّ أسرع إلى خديجة، فقال: زمّلوني، زمّلوني، فأنزل اللَّهُ تعالى (يَا أَيُّهَا الْمُدَّثِّرُ) إلَى (فَاهْجُرْ). يدعوه إلى أن يقوم من مضجعه الذي زمّلته خديجة فيه، ليباشر تكاليف الدعوة، ويبلّغ أوامرها إلى الناس، فينذرهم ويبشّرهم.

هذه الزوجة الحصيفة الذكية تؤكّد حكمتها في

موقف آخر؛ ففي أوّل الوحي رأت أنّ النبي قد أصابه الفزع ممّا رأى من هول الموقف وهيبة ملك الوحي، فلما تأخّر حزن حزنًا شديدًا، وخاف أن يكون هذا الأمر قد انقطع، فراحت تهدهد قلبه، وتثبته وتؤكّد نبوّته، كما أنّها كانت في حاجة أيضًا إلى أن تَتثبّت لنفسها من ذلك، فتؤمن عن يقين. فرُوي أنّه لما أخبرها النبي بخبر الوحي، وأرادت أن تتثبّت من أنّ الذي نزل عليه من السماء مَلَك طلبت منه أن يخبرها إذا جاءه جبريل.

قالت له: يا بن عمّ، هل تستطيعُ أن تُخبرني بصاحبك هذا الذي يأتيك إذا جاءك؟

قال: نعم.

قالت: فإذا جاءك فأخبرني.

فبينما رسول اللّه ﷺ عندها يومًا إذ جاءه جبريل عليه السلام، فرآه الرسول، فقال: يا خديجة، هذا جبريلُ عليه السلام قد جاءني.

قالت: أتُراه الآن؟

قال: نعم.

قالت: فاجلس إلى شقّي الأيسر، فجلس النبي على يسارها.

فقالت: هل تراه الآن؟

قال: نعم.

قالت: فاجلس إلى شقّي الأيمن، فتحوّل النبي فجلس على يمينها.

فقالت: هل تراه الآن؟

قال: نعم.

قالت: فتحوّل فاجلس في حجري، فتحوّل رسولُ اللّه فجلس في حجر زوجته.

فقالت هل تراه الآن؟

قال: نعم.

فتحسّرت فألقت خمارها، فقالت: هل تراه الآن؟

قال: لا.

قالت: ما هذا بشيطانٍ، إنّ هذا الملك يا بن العمّ، فاثبُت وأبشر، ثُمّ آمنت به، وشهدت أنّ الذي جاء به الحقُّ.

هنا تظهر حكمة الزوجة وتأييدها زوجها، ورغبتها في إنجاحه ودعمه، ولكن ليس على حساب عقيدتها ودينها وما يمكن أن يُصاب من قناعاتها الصحيحة، فهي لم تُسْلم عقلها لزوجها على الرغم من حبّها الشديد وأخلاقه الراسخة في الفضيلة، ولكنّها أرادت أن تتثبت لنفسها قبل أن تؤمن به، وفي الوقت نفسه تثبته، وتؤكّد

له أنّ الـذي يأتيـه إنمـا هـو ملـك مـن السـماء وليـس مـن الشـياطين، فتطمئـن نفسـه، فالملـك لا يظهـر علـى عـورات النسـاء أو يتكشّـف إذا وضعـت ثيابهـا، فلمـا أن تحسّـرت ووضعـت ثيابهـا انصـرف المَلَـك، وهـذا التصـرّف يضـع بصيرتنـا علـى حقيقـة مـا تمتـاز بـه الأسـرة المتماسكة إذا كانـت المـرأة فيهـا حكيمـة.

لا يعنـي بأيـة حـال أنّ النبي كان غير واثق مـن نبوّتـه، وإلّا مـا تعبّـد بالغـار قبـل أن يوحـى إليـه، ومـا حـرّم علـى نفسـه الملـذّات والشـهوات فـي صبـاه، بـل إنّـه رأى مـن المعجـزات قبـل البعثـة مـا يؤكّـد لـه نبوتـه مـن تظليـل السـحاب وتسـليم الحجـر وغيرهـا، ولكـن كلّ امـرئ مـن البشـر يحتـاج إلـى مـن يثـق فيـه ويؤيّـده ويؤمـن بـه، فالناجـح الـذي يحـرز المركـز المتقـدّم يحـبّ أن يسـمع مـن المقـرّبين إليـه مـا يثبتـه مـن كلمـات التأييـد. كمـا أنّ أمر الوحي ليـس أمـرًا معتـادًا للبشـر، فهـو مـن خـوارق الأمـور؛ إذ إنّ البشـر لـم يألفـوا رؤيـة رسـل السـماء، ولا هـم ممّـا يمكـن تصوره، ولا بنيتهـم الجسـدية ممّـا يمكـن التنبّـؤ بـه، فالفـزع مـن ذلـك أمـر فطري جِبِلّي، ولا ينافـي اليقيـن بأيّ حـال، كمـا أنّـه لا ينافـي يقيـن خديجـة فـي زوجهـا أيضًـا؛ إذ الفـزع والخـوف لا ينافـي اليقيـن، فـإذا رأى المـرء مـا يخيفـه لا يعنـي أنّـه

ينكره وينفيه من الوجود، كما أنّ رؤية الشيء العظيم يحتاج إلى إشراك الآخرين لتأييده، كأن يرى المرء هالة عظيمة في السماء، فيحبّ الإنسان أن يراها معه غيره ليتوثّق منها، ويتثبّت من أنّ بصره لم يخنه. إنّ خديجة كانت بحاجة لهذا الحوار أكثر من زوجها، فقد صنعتُ تتثبّتُ به الأمر احتياطًا لدينها وتصديقًا.

يحتاج الإنسان المعاصر إلى التفطّن إلى سلوك السيدة خديجة تجاه أسرتها وأبنائها؛ فالحياة المعقّدة المعاصرة تحتاج إلى حكمة أكثر من الحياة البسيطة القديمة، وإنّ من أراد أن يثبت قدراته شابًّا كان أو طفلًا في هذا العصر فعليه أن يفوق نبوغه ما يُتوقّع منه، كما أنّه بحاجة شديدة إلى تأييد محبّيه والمقرّبين منه ودعم المجتمع المحيط.

نتعلّم من موقفها التحايل بكلّ حيلة مُمْكِنة كي نرسّخ قدرات الأبناء والأزواج، وتثبيتهم على ربوة النجاح والتفوق، ودفعهم إلى ذروة المجد، والمكابدة في سبيل النجاح، وسلوك كلّ مسلك حاذق مشروع لبلوغ المآرب، فإنّ النابغين إذا لم يجدوا من يؤيّدهم فقد لا ينجحون، ويتنكّبون عن الطريق الصحيحة، ويختارون المرجوحة دون الراجحة، وكم من أسرة تبقى خلف

المخفـق الفاشـل حتّى ينجـح، وأسـرة أخـرى تبقـى خلـف الناجـح حتّـى يخفـق، وفـي أمّتنـا نمـاذج ناجحـة لا حصـر لهـا، نقتبـس مـن منهجهـا، ونتعلّـم طريقتهـا فـي التعامـل مـع المنعطفـات بسـداد، حتّـى يبلـغ الأمـر منتهـاه، وقـد بلـغ أمـر النبي ﷺ منتهـاه تامًّا كامـلًا حتّـى سطع نـور الإسلام، وفتـح قلوبًـا بالحـبّ والسـلام فـي بقـاع شـتى عبـر التجـارة والبحـارة، ومـا يـزال يشـرق بالمحبّـة والخيـر والسـلام، ودَفْـع التعصّـب والخـلاف والضـلال، ولعـلّ خديجـة لهـا مـن كـلّ ذلـك نصيـب.

لقـد أسـرعت لتنـال شـرف الإسـلام أولًا، بعـد أن تيقّنـت مـن نبـوّة زوجهـا، وصِـدق رسـالته، وآمنـت أنّ مـا حسـبته فيـه كان حقًّا، وأنّ مـا كان يقـع لـه مـن المبشـرات مـا هـي إلّا دلائـل علـى أنّ العـرب ستتشـرف ببعثتـه فيهـم لينالـوا شـرف حمـل رايـة المحبّـة والسـلام والهدايـة للنـاس جميعًـا.

كانـت أول مـن أسـلمت وآمنـت، وأول مـن صدقت بالرسـول؛ ولذلـك لُقّبـت بالصديقـة، وإنّ شـرفها تشـريف للنسـاء جميعًـا بأنهـنّ أول مـن سـارعن إلى الإيمـان بالله، وهـذا للقربـي الزوجيـة التـي تجمعهـا بالرسـول، وإن كانـت نسـوة بعـض الأنبيـاء ران علـى قلوبهـنّ مـا كـنّ يفعلـن فجحـدن رسـالة أزواجهـنّ، ونكصـن وتنكّبـن عـن النـور

والرشـاد، ولكـن خديجـة أسـرعت إلـى منبـع النـور، ونَفَـذَ شـعاعه مـن كـوى الـروح إلـى القلـب ليسطع فيه كمشكاة فيها مصباحُ هدايـة. لذلـك قال الرسـول فيها بعـد موتها يشيد بتلـك الفضيلة: «خديجـة مـا أبدلني الله خيرًا منها، آمنـت بـي إذ كفـر النـاس، وصدقتنـي إذ كذبنـي النـاس».

لا يخفـى أنّهـا كانـت تؤيّـد زوجهـا وتصدّقه وتظنّ فيه هذا الظنّ قبـل الرسـالة، وتعينـه علـى التجهّـز لهـا، ورسخ فـي قلبها ووعيها تنبّـؤات وإشـارات تؤكّـد لهـا أنّه مختلف عـن الآخريـن، وأنّ عنايـة السـماء تحفّـه، وأهمّهـا الرؤيا الصادقـة التـي كانـت تأتيـه، ثـمّ مـا تلبـث أن تقـع كفلق الصبـح، وهـي أولـى علامـات النبـوّة، وإنّ فطـرة خديجة النقية وروحها الطيّبة جعلتاها تركـن إلـى تصديـق زوجها لـمّا كان يقـصّ عليها رؤاه، فقـد عصمهـا الله عـزّ وجـلّ مـن التكذيـب، وشـرح صدرهـا بالتصديـق، فكانـت تقـول لـه: أبشـر، فإنّ اللـه عـزّ وجـلّ لـن يصنـع بـك إلّا خيـرًا، ثـمّ إنّـه فـي إحـدى المـرات خـرج مـن عندهـا، ثـمّ رجـع إليهـا فأخبرهـا أنّـه رأى بطنـه شُـقّ، ثُـمّ طُهّـر وغُسْـل، ثُـمّ أُعيـد كمـا كان. قالـت: هذا واللـه خير، فأبشِـر، وهـذا ممّـا يُكذّبه النـاس غالبًا لخرقه العادة، فغالـب الظنّ لمـن يُقال لـه ذلك أن يقيسـه بمقاييـس العقـل فيرفضـه، ويقـول: كيـف يُشـقّ

البطن ويُغسل ثمّ يعود؟ ولكن خديجة كانت تُصدّق النبي فيما يقول دائمًا؛ لأجل ذلك امتدحها بأنّها صدقته عندما كذبه الناس.

استحقّت خديجة بيتًا من قصب في الجنّة لأنّها سابقت إلى التصديق والإيمان، فكانت أول من أسلم، وقيل: إنّ الحكمة في كون البيت من قصب هو أنّها حازت قصب السبق إلى الإسلام، وهو شدّة المسارعة إليه دون غيرها رضي الله تعالى عنها.

أحيانًا يدرك المرء الخلل ويتبعه، والخطأ ويأتيه، ويستبدل الذي هو أدنى بالذي هو خير، وأحيانًا يسلك مسالك المتعثرين، وهو يعرف مخاطر الطريق ووعثائه، وأحيانًا يغلق الإنسان عينه حتى لا ترى شعاع النور، ويطفئ الأنوار في الحجرة ليفعل ما يستحي منه، وغير ذلك ممّا يخالف الإنسان فيه فطرته وعقله وقناعاته، وهذه أمور تقع بسبب طبيعة النفس البشرية، فهي كثيرة الخطأ والنسيان، وفيها ضعف غير خاف، ولم يُخلق البشر ملائكة، فهم يُخطئون ويُصيبون، ولكن ممّا ميّز الله به البشر أنّهم يعقلون ويندمون ويصحّحون ما وقعوا فيه من أخطاء، ولديهم نفس لوّامة تقوّمهم عند الخلل، ونفس مطمئنّة تثبّتهم على مراقي الإحسان والإنجاز،

وتقف حائط صدّ أمام النفس الشريرة فيتغالبان، فالفائز مَن انتصرت نفسه المطمئنّة على الشريرة، والآخر يقع عند انتصار نفسه الشريرة ثمّ تَحدُث له إفاقة ونفرة واعية تنتشله من ركام اليأس وبراثن الإحباط ومستنقع التعلّل بالضعف، فيشتدّ صلبه ويقوى ويثابر.

هكذا يبقى الإنسان بين شدّ وجذب، يصارع حتى تنقاد له نفسه وتصبح من جنوده، فتحمله مخلصة إلى العلا، وتجذبه إلى الفلاح، وتستشرف به أفق النهايات المشرقة، حتى ترى هذه النفس مالا يراه غيرها، فتنداح أمام بصيرتها عتمة الشكّ وينجلي ضباب التراخي، ويرسو نَقْع الصراعات النفسية وغبار الحروب الداخلية على الأرض، فتدوسه أقدام الإقدام، وتَضْبَح خيل الفروسية الإنسانية، فيقع التصالح الدائم مع الذات، وهذا ما بلغ بخديجة هذا المبلغ من التصديق، وتَحَيُّن الفرص واغتنامها.

يجب على الإنسان أن يتحيّن أوقات الهداية والرشاد، ويستشرف تجلّياتها، ويبحث في أسرار الوجود، ويتلمّس هدى الناجحين وخطاهم، ويطمح إلى الوصول إلى نوافذ النور الخالد، وكوى السعادة الغامرة، وسبل إحياء النفوس، ويتحسّس مواطن الفرح والبهجة، ولا يتوقّف عن

المجاهدة المستمرّة من أجل بلوغ غاية الغايات، والحفر تحت ظواهر الأشياء وانعكاساتها الخادعة، والتنقيب في طيّاتها وبين طبقات صخورها من أجل تلمّس الدرر والأحجار الكريمة التي تسطع في الروح فتبهجها، حتّى تدرك النفس أنّها بلغت، فيسير المرء في الدنيا وهو متعلّق بعظيم، يُفضي إليه بسرّه، ويُسلم له أمره، ويفوّض له كلّ شأنه، فلا يكون الحول ولا القوة إلّا به، ولا الطريق إلّا إليه، ولا الهدى الموصول إلّا ببابه، ولا القصد الموكول إلّا بجنابه.

هكذا فعلت خديجة -رضي الله عنها-، فلم تعاند، ولم تكابر، واستسلمت لقلبها الذي يبحث عن الحقيقة. هكذا تكون الأنفس المطمئنّة، تبحث عن الحقّ فتطلبه وتتحرّاه، وتقصد أسبابه، ففطنت إلى أنّ زوجها مرسل من الله، وأنّ هديه هو الهدى، فآمنت بلا تردّد، ولم تدع لعقلها أن تُحجِّبَه ظلمات الشكّ، أو تضلّله مشتتات الهوى والعِند، فعزمت الأمر وبلغته، واستسلمت بين يدي حبيبها وتبعته.

لقد كان الزواج من السيدة خديجة مكافأة لها، وتجهيزًا لتحمّل أعباء الدعوة مع زوجها.

بعد أن مرّ على الزواج المبارك خمس عشرة سنة قبل

الوحي، تجهّزت الأرض تمامًا للغرس، وتخلّقت الزوجة الطاهرة بأخلاق محمّد ﷺ، فازدادت ألقًا ورسوخًا وثباتًا، وارتقى قلبها لمرتبة تؤهله ليكون أول من يصدق ويؤمن، لم تتردّد قطّ في الإسلام، وذلك دليل على نقاء فطرتها وتخلّصها من كلّ شائبة يمكن أن تداخل النفس على الدين.

أراد الله لها أن تكون من السابقين الأولين، فأول من أسلم من المسلمين: خديجة بنت خويلد، وعلي بن أبي طالب، وأبو بكر الصديق، وزيد بن حارثة، كما كانت أوّل من توضّأ بوضوء النبي، وأوّل من صلّى خلفه ﷺ، وذلك أنّه حين افتُرضت الصلاة على رسول الله أتاهُ جبريل وهو بأعلى مكّة، فهمز له بعقبه في ناحية الوادي، فانفجرت منه عين، فتوضّأ جبريل عليه السلام، ورسول الله ينظر إليه ليُريه كيف الطهور للصلاة، ثُمّ توضّأ رسول الله كما رأى وضوء جبريل، ثُمّ قام جبريل فصلّى به، وصلّى رسول الله بصلاته، ثُمّ انصرف جبريل عليه السلام. فجاء رسول الله خديجة، فأخذ يدها حتى أتى بها إلى العين، فتوضّأ لها ليُريها كيف الطهور للصلاة، فتوضّأت كما توضّأ لها رسول الله، ثُمّ صلّى بها الرسول كما صلّى به جبريل فصلّت بصلاته، ثمّ كان هو

وخديجة يُصلِّيان سرًّا.

إنّ هذا الدين الذي يتبعه الآن ما يزيد عن ربع سكان العالم، كما تبعه فيما سلف مليارات أخرى لا تُعدّ؛ بدأ بثلاثة فقط، رسول الله وزوجته وابن عمّه، إذن ما مَقام هذا الفضل عند الله وفي قلوب المسلمين؟ وكيف يواجه ثلاثة نفر قومًا لهم قناعات وعقائد وعادات وتقاليد، منها الخطأ والصواب؟ وكيف يسعون بهذا العدد القليل إلى تصحيح هذه الأخطاء ونشر الفضيلة ومنع الرذيلة وأخلاق الجاهلية؟

قال أحد تجّار العرب يسمّى عفيف الكندي:» كُنتُ امرأً تاجرًا، فقدمتُ الحجّ، فأتيتُ العبّاس بن عبد المُطّلب لأشتري منهُ بعض التجارة، وكان امرأً تاجرًا، فو اللَّه إنِّي لَعِندهُ بِمِنَى، إذ خرج رجُلٌ من خباءٍ قريبٍ منهُ، فنظر إلى الشمس فلمّا رآها مالتْ قامَ يُصلِّي (أي وقت الظهر)، ثُمّ خرجت امرأةٌ من ذلك الخباء الذي خرج منهُ ذلك الرجلُ، فقامتْ خلفهُ تُصلِّي، ثُمّ خرج غُلامٌ حين راهق الحُلُم من ذلك الخباء، فقام معهُ يُصلِّي.

فقُلتُ للعبّاس: من هذا يا عبّاسُ؟

قال: هذا محمّد بنُ عبد الله بن عبد المُطّلب، ابنُ أخي.

فقال: من هذه المرأةُ؟

قال: هذه امرأتُهُ خديجةُ ابنةُ خويلدٍ.

قال: من هذا الفتى؟

قال: هذا عليُّ بنُ أبي طالبٍ، ابنُ عمّه.

قال: فما هذا الذي يصنعُ؟

قـال: يُصلّي، وهـو يزعُمُ أنّهُ نبيٌّ، ولم يتبعهُ على أمره إلّا امرأتُهُ، وابنُ عمّه هـذا الفتى، وهـو يزعُمُ أنّهُ سيُفتحُ عليـه كُنوزُ كسرى وقيصر».

لقد أسـلم عفيـف الكنـدي بعـد ذلـك، وحسُـن إسلامُه، وكان يقـول: لـو كان اللّهُ رزقنـي الإسـلام يومئذٍ، فأكونُ ثالثًا مع عليّ بن أبي طالبٍ رضي اللّهُ عنهُ.

أظهـرت خديجـة بجانـب صفاتهـا الكثيـرة فقههـا في الديـن أيضًـا، وذلـك في عـدد من المواقـف، فـلا شكّ أنّ مكثها مع النبي مـا يزيد عـن خمـس عشرة سنةٍ؛ جعلها تتعلّم منه الكثير، وتتفقّه على يديه، وثمّة مواقف كثيرة تدلّ على فقهها. ولكـن مجمل الأخبار التـي جاءت عنها قليلة إذا قِيست بأخبار نسـاء النبي الأخريات، ولاسيما عائشـة بنت الصديق؛ ولعلّ ذلـك بسبب طبيعة الظروف القاسية في أول الدعوة قبل أن يستقرّ النبي في المدينة ليعلّـم النـاس الشـريعة، فعاشـت خديجة أحلك الظروف

التي مرّت بالنبي وبالدعوة قبل الهجرة، ولما هاجر النبي للمدينة كانت قد ماتت، وبدأت هناك مسيرة التعليم الحقيقية، ونهلت السيّدة عائشة وغيرها من نساء النبي عنه كلّ ما أمكنهنّ، فنقلنه للمسلمين ليتعلّموا. كما أنّ اجتماع المسلمين في مكّة لتدارس العلم ومداولته لم يكن ميسورًا.

كانت خديجة تسأل الرسول عن أحكام دينها، فقد كانت تتمتّع بشغف كبير في حبّ العلم والبحث عن الحقيقة، وقد مرّ أنّها كانت تتردّد على ورقة تسأله في الدين، وهذا يدلّ على فقهها، ومن ذلك أنّها كانت تطوف مع الرسول، فسألته:» ما أقول وأنا أطوف بالبيت؟، قال: «قولي: اللهمّ اغفر لي ذنوبي، وخطاياي، وعمدي، وإسرافي في أمري، إنّك إلّا تغفرْ لي تهلكني».

ومن مواقفها التي تدلّ على فقهها ردّها على إقراء السلام عليها من الله ومن جبريل. فلمّا قال جبريل للنبي: إنّ اللّه يقرئ خديجة السلام قالت: إنّ اللّه هو السلام، وعليك السلام ورحمة اللّه. قال العلماء: في هذه القصّة دليل على وفور فقهها لأنّها لم تقل وعليه السلام كما وقع لبعض الصحابة، حيث كانوا يقولون في التشهّد: السلام على الله، فنهاهم النبي ﷺ، وقال: «إنّ

الله هو السلام، فقولوا التحيات لله»، لقد عرفت خديجة لفقهها أنّ الله لا يردّ عليه السلام، كما يرد على الناس؛ فالسلام من أسماء الله تعالى، وإنّ إلقاء تحيّة السلام في حقيقتها دعاء بالسلامة للآخرين، وكيف يكون ذلك في حقّ الله تعالى؟ وهذا دليل فقهها وصحّة فهمها.

الحب المثالي

بـدأت رحلـة الزوجيـن بعـد الإسـلام تختلـف كلّ الاختـلاف عمّـا سبقهـا، فقـد كانـت حياتهمـا هادئـة، لا خـوف، ولا قلـق، ولا صـراع، ولا حصـار، كانـت هـي الشـريفة فـي قومهـا، سـيّدة نسـائهم، وكان هـو الشـريف الصـادق الأميـن.

قـام النبـي لينـذر ومعـه زوجتـه تعضّـده، وبـدأت رحلـة الدعـوة السـرّية فـي أول الأمـر، وخديجـة مـن خلفـه تحـاول أن تـؤوي إليهـا مـن تثـق فيـه مـن النسـاء، وتقـدّم مالهـا لزوجهـا فتعينـه بـه علـى تكاليـف الدعـوة وحمـل الرسـالة، وهنـا تتوقّـف مسـيرة خديجـة التاجـرة مـع النـاس لتبـدأ مسـيرة خديجـة التاجـرة مـع ربّ النـاس، وكانـت قـد رغبـت عـن التجـارة لمـا تزوجـت النبـي، وتفرّغـت للتّبعُّـل لـه، ولرعايـة أبنائهـا، ولكـن بـدءًا مـن نـزول الوحـي أضيفـت لهـا مهمّـة جديـدة مقدّسـة، هـي مناصـرة الـزوج الرسـول وإعانتـه علـى مشـاقّ الطريـق ووعثائـه. مضـت معـه ولسـان حالهـا يقـول:

أَسْمِعْ محمّـدُ كلَّ النّـاسِ وَارْقَ بِهِـمْ   مـا أَجْمَـلَ الكـونَ إذْ تَهْمِي التَّراتيـكُ

شَـلّالُ نـورٍ وَإيمـانٍ وَمَوْعِظَـة   ينـداح في القلـب يسـمو وَهْوَ مَتْبولُ

وَمُعْجِزاتٌ كما عِقْدٍ وَلُؤْلِئِهِ   آياتُها للْوَرى هَدْيٌ وَتَفْصيلُ

يا نعمةً أُرسِلَتْ في الكَوْنِ فانْبَلَجَتْ   منها الشُّموسُ لها بالرُّوحِ تَعْليلُ

ودعوةَ الكَونِ لمّا ضاقَ فاتّسَعَتْ   صَيْحاتُها مُذْ أتى بالوحي جبريلُ

أيقِظْ قلوبًا غدتْ سوداءَ مُجحِفَةً   أيقِظْ عقولًا هَوَتْ فيها الأضاليلُ

تَخِبُّ عشواءَ أنقِذنا وعالَمَنا   أدركهُ قد أُطفئتْ فيهِ القناديلُ

لم يرتدعْ مَن رأى في البيتِ معجزةً   والأفقُ مُحتشِدٌ فيه الأبابيلُ

لم يؤمنوا بالّذي قد عزّ كعبتُهُ   فنالَ أعداءَها خزيٌ وسِجّيلُ

أشرقْ علينا رسولَ اللهِ قد طلعَتْ   شمسُ الهدايةِ فالإظلامُ مخذولُ

وابسُطْ ضياءَكَ في الأرجاءِ هادرةً   أحسنْ فإنّكَ بالإحسانِ موكولُ

بأيِّ حَرْفٍ يُوافي مَنْ لَهُ ابْتَسَمَتْ   كلُّ الثواني فَحَسْبي مِنْكَ تأميلُ

يا بسمةَ القلبِ يا روحي ونبضَ دمي   يا سِرَّ حُبّي وَهَلْ لِلْحُبِّ تَمْثيلُ؟

إني أراكَ بروحي إذ حلَلْتَ بِهِ   كأنني فيك إجمالٌ وتفصيلُ

وهكـذا الحبُّ يسري في جِبِلّتِنا   شُعاعُ نورٍ إلى القَلْبَيْنِ مَوْصولُ

سلك الزوجان طريقًا وعرة صعبة، يتخطّفهما القلق على الدعوة والمسلمين الجدد، وهم بين ظهراني قوم غلاظ، لا يخافون في الناس لومة لائم، وفيهم ضعاف وعبيد وإماء قد آمنوا، وسوف يلاقون بأسًا شديدًا من سادتهم، ولكن قضاء الله محتوم وأمره نافذ، ولابدّ أن تسلك السفينة باسم الله مجراها ومرساها، إنّ الله بها

خبيـر، وكانـت الصـدور متعطّشـة لنـورِ الوحـي وفيـوض السـماء، وكانـت الأرض قاتمـة تلفـظ أنفاسـها الحـارّة مـن حرقة الألم وكثرة المعاصي، تريـد أن تنفـض شؤم الشرك والـوأد وشـرب الخمـر والتعصّـب، وعلـى الرغـم مـن أنّ الله قـد أظهـر للعـرب بمكّـة معجـزة الطيـر الأبابيـل وحمايـة البيـت غيـر أنّهـم عـادوا النبـي أشـدّ العـداوة، وحسـدوه علـى نعمـة الوحـي، وتمنّـوا لـو أنّـه نـزل علـى رجـل غنـي مـن القريتيـن عظيـم.

تخلّـت عـن مالهـا لتعيـن بـه زوجهـا في دعوتـه، ولعلّ مـن أهـمّ الاختبـارات التـي تقيـس أخـلاق الإنسـان عامّـة تلـك التـي يدخـل فيهـا المـال مقياسًـا لقـدرة النفـس علـى التخلّـي عنـه، وهـو اختبـار -لا شـكَّ- قـاسٍ؛ إذ إنّ الإنسـان لِحبّ الخيرِ لَشديد، كأنه مجبول على حُبّ جمع المال.

كانت خديجة مستعدّة لمواساة النبي بمالها، مستشعرة هـذه الرسالة، وهـي تعلـم أنّـه متكلّـف مـا لا يحتمله الناس العاديّـون مـن مهـام شـاقّة وقعـت عليـه باختيـار الله لـه خاتمًـا للنبيين من أولي العزم من الرسـل، وهو في حاجة شـديدة للمـال الـذي يُطعـم بـه فقـراء المسـلمين الجـدد، ويستعين بـه على الدعوة، وكـان ورقة بـن نوفل قد بشّـرها بذلـك الـدور، فلمـا ذهبـت إليـه تسـأله عمّـا وقـع للنبـي في

أول الوحي قالت له: أخبرني هل تجد في ما قرأت من التوراة والإنجيل أنّ الله يبعث نبيًّا في هذا الزمان؟ قال: نعم، يبعث الله نبيًّا في هذا الزمان يكون يتيمًا فيؤويه الله، وفقيرًا فيغنيه الله، تكفله امرأة من قريش أكثرهم حَسَبًا، فقال لها: نَعْتُها مِثْل نَعْتِك يا خديجة.

كان النبي فقيرًا يتيمًا، يعمل بالرعي عند عمّه، وكان عمّه أبو طالب قد كبر وقَلَّ ماله، وإنّ العمل بالدعوة والرسالة يحتاج إلى تفرّغ ودعم مالي كبير، وقد هيّأ الله خديجة لتقوم بذلك، فقامت به خير قيام حتى أتمّ الله أمره، وسمعت العرب بالإسلام وانضمّ عدد غير قليل إلى الدين الجديد، وبقيت كذلك حتى ماتت وهي مطمئنّة القلب.

لأجل ذلك فقد كان الرسول يقول لعائشة زوجته لما غارت لكثرة ما كان يذكر خديجة بعد موتها: «وواستني بمالها إذ حرمني الناس».

كان النبي عفيفًا حييًّا لا يأخذ من مال زوجته، غير أنّها ما كانت تدعه يطلب، وما تركته يحتاج، وقد أظهرت فطنتها في فهم زوجها وتلبية رغبته، وأنّها ما كانت تَضِنّ بمالها قطّ، من ذلك قصّة تبنّيه زيد بن حارثة قبل الإسلام.

كان النبي قد رأى زيدًا بن حارثة في سوق عكاظ، فأخبر به خديجة، وأظهر رغبته في أن يتبنّاه، وسوق عكاظ كان تجمُّعًا بشريًّا معروفًا في جزيرة العرب، تُباع فيه البضاعة المادّية وتُدار فيه التجارات، إضافة لتجمّعات شعرية يُنشد فيها الشعر والأدب، ويتبارى الشعراء في إظهار قدراتهم، وينقدون أيضًا من قبل الشعراء الفحول، وحول ذلك كان يباع الرقيق.

زيد من قبيلة طيء، وقد أغارت خيل من تهامة من بني فزارة فسَبَتْ زيدًا فصيّروهُ إلى سوق عُكاظٍ، فرآهُ النبي ﷺ من قبل أن يُبعث، فقال لخديجة: «يا خديجةُ، رأيتُ في السوق غُلامًا من صفته كيت وكيت»، يصفُ عقلًا وأدبًا وجمالًا، لو أنّ لي مالًا لاشتريتُهُ». فطلبت خديجة إلى ورقة بن نوفل أن يشتريه من مالها ففعل، ثمّ أهدته للنبي، فربّاهُ وتبنّاهُ، فكان يُقالُ لهُ: زيد بن محمّد.

المرأة الناجحة تسعى دائمًا لإسعاد زوجها، وتحقيق ما يرجوه، فعلى الرغم من أنّ النبي لم يطلب منها مباشرة المال لشرائه، وكان قد أعجبه ليتبنّاه، فقال: لو أنّ لي مالًا لاشتريته؛ غير أنّها أدركت بفطنتها ذلك، فوهبته له بعد أن اشترته، فأعتقه وتبنّاه، وهذا يدلّ على خلق رفيع منها، وإنّ كثيرًا من نساء اليوم يحتجن إلى مثل

هذا الخلق في إهداء الزوج ما يحبّ، فالهدية تجلب المحبّة وترخي ثوب الأمان والمودّة؛ ليظلّل سقف الزوجية، ويشيع المودّة في القلوب والبيوت، وكان النبي يقبل الهدية ويثيب عليها؛ فإنّ الهدية صنيعة معروف وبرّ ومودّة، فهي مفتاح القلوب تجلب المحبّة، وتمحو الضغينة، وتصنع ذكرى لا تُنسى.

عاشت خديجة مع زوجها خمسة وعشرين عامًا لم تغضبه فيها قطّ، ولم تردّ له طلبًا، وقد امتازت بذلك عن سائر نسائه اللواتي تزوجهن بعد موتها، وكذلك كانت بقية نسائه، غير أنّه ورد منهنّ بعض المواقف كطلب زيادة النفقة حتى اعتزلهنّ النبي كلّهنّ شهرًا، وبعض ما كان يقع بينهنّ من غيرة، وغير ذلك، إلّا أنّها تمتّعت بسنوات طوال من العشرة المتفانية الهادئة، لم تُغضبْ فيها النبي ﷺ أو تضايقه في أيّ موقف.

وكان نتيجة استوائها على خلق واحد تجاه حبيبها أن كان جزاؤها في الجنّة بيت من قصب، فهو مناسب -كما قيل- للفظ القصب من جهة استواء أكثر أنابيبه وكذا كان لخديجة -رضي الله عنها- من الاستواء ما ليس لغيرها؛ إذ كانت حريصةً على رضاه في كلّ حين، ولم يصدر منها ما يُغضبُه قطُّ. وكونه لا صخب فيه ولا

نصب؛ لأنّها لم ترفع صوتها على النبي قطّ، ولم تتعبه يومًا من الدهر، فلم تصخب عليه يومًا، ولا آذته أبدًا، وهكذا كانت منارة للمرأة الصالحة التي هي خير متاع الدنيا.

قابل النبي هذا التودّد والطاعة بمثلهما، فما كان يرفض لها طلبًا، ولا يخالفها إلى شيء، ومن ذلك أنّه لما رغبت في أن تُزَوِّج ابنتَها زينب من أبي العاص ابن أختها هالة، فوافق النبي، وكان أبو العاص من رجال مكّة المعدودين مالًا وأمانةً وتجارةً، وتعدّه خديجة بمنزلة ولدها.

لم يكن تلبية النبي ما تطلبه خديجة وما ترغب فيه ردًّا للجميل فقط، ولكنّه نابع من حُبٍّ حقيقي عميق، وقد أظهر النبي هذا الحبَّ في مواضع عدّة، بل كان يقول: «إنّي قد رُزقتُ حُبّها»، وإنّ المتأمّل في لفظ (رُزِقت) يدرك أنّ ثمّة مكافأة إلهية هي التي غَرَست حبّها في قلب النبي، فإنّ المرأة قد تكون على أجمل ما يكون، رحمة ورأفة ومودّة، وكذلك حسن عشرة، وجمال وجه ومنطق، غير أنّ زوجها لا يجد في قلبه تجاهها حُبًّا، وقد كثر بين الناس أن يـروا زوجًا يُطلّـق زوجتـه التي تتمتّـع بصفات الجمال، ويذهب لغيرها ممّن لم ينلن حظًّا من الصفات الحسنة فيتزوجها، وفي ذلك أمر لا يمكن تفسيره، إلّا أنّ

ثمّة اتصالًا خفيًّا بين القلوب، وألفة للطباع، وانسجامًا قد لا يكون مبرَّرًا؛ هي أمور تتحكّم في مدى تقبّل الطرف للطرف الآخر، غير أنّه لا ينبغي على الزوج أو الزوجة أن يتنكّرا لضرورة التعايش فترة من الزمان، فالزمن كفيل أن يُذوّب تلك الخلافات، ويمحو تلك الفروقات، فتنجذب الطباع، وتتّحد المقاصد، وتنشأ المودّة والرحمة، ما دام الاحترام المتبادل أرضًا خصبة؛ للتفاهم لتتكوَّن مجموعة من الذكريات المشتركة تكون بمثابة الوقود التي تندفع به مركبة الحياة الزوجية.

هذه الذكريات التي يصنعها كلا الطرفين في الوقت الحالي سيحتاجان إليها في المستقبل كي يتذكّراها، فيجب على الزوجين تَعَمُّد صنع ذاكرتهم وذكراهم، وتخيّر ما يريدون الإبقاء عليه من مواقف جميلة، ولحظات سعيدة، سيحتاجون حتمًا إليها، فالمستقبل يمكن صناعته من خلال الواقع، والذكريات لا يجب أن تكون هكذا حسبما اتّفق، ولكن يمكن صناعتها، وتخيرها، وهذا من الفطنة.

تحت الحصار

انتهت الدعوة السرّية بعـد ثلاث سنوات مـن البعثـة بنـزول قولـه تعـالى: ﴿وَأَنـذِرْ عَشِـيرَتَكَ الْأَقْرَبِينَ﴾، وبـدأ النبي يجهر بدعوتـه مـن أمـام الكعبـة، ويترصّـد حُجّاجهـا يدعوهـم إلى التوحيـد، فاشـتدّ أذى قريـش لـه، وبدأت رحلة أشـدّ قسـوة مـن العـداء للمسـلمين، وصلـت للتعذيـب الشـديد علـى الملأ فـي رمضـاء مكّـة، وخديجـة فـي كلّ ذلـك تخفّـف عـن زوجهـا، وتربّـي أولاده وتنفـق عليـه مـن مالها حتى مُكّـن للمسـلمين وازداد عددهـم، وبـدأ أمرهـم ينتشـر بيـن الناس، ولكـن يأتـي مـا هـو أعظـم وأشـدّ علـى المسـلمين.

أرادت قريـش أن تقتل النبي، فلمـا سـمع عمّه أبو طالب بذلـك آواه إليـه فـي شِـعبه الـذي كان النبـي قـد وُلـد فيـه، وضـمّ إليـه أهلـه وعشـيرته ومـن مـع النبـي مـن المسـلمين ليحمـوه ويجيـروه، فلمـا رأى سـادة قريـش ذلـك تعاهـدوا علـى أن لا يزوّجـوا أحـدًا مـن بنـي هاشـم ولا يتزوّجـوا منهـم، ولا يبيعـوا لهـم ولا يشـتروا منهـم، ولا يجالسـوهم أو يخالطوهـم أو يكلموهـم، ولا يدخلـوا بيوتهـم، ولا يقبلـوا

منهـم صلحًـا حتـى يُسْـلِموا الرسـول للقتـل، أو يتراجـع عـن دعوتـه، فهـي مقاطعـة اجتماعيـة اقتصاديـة الهـدف منهـا ثَنْـيُ النبي عـن دعوتـه، وكتبـوا في ذلك كتابًا وعلّقوه في جـوف الكعبـة.

ثـلاث سـنوات بـدأت مـن السـنة السـابعة للبعثـة، وانتهت في السـنة العاشـرة، رأى فيهـا المسـلمون مالا يتصوّره عقل مـن الظلـم والإجحـاف والجـوع.

كمـا سـاوم سـادة قريـش النبـي بكلّ طريقـة ليتـرك هـذا الأمـر، فـكان يقـول لعمّـه أبـي طالـب لمـا عـرض عليـه ذلك:» والله يـا عمّ لـو وضعـوا الشـمس في يمينـي والقمر فـي يسـاري علـى أن أتـرك هـذا الأمـر حتـى يظهـره اللـه، أو أهلـك فيـه مـا تركتـه«، أو قـال:» مـا أنـا بأقـدر علـى أن أدع لكـم ذلـك، علـى أن تشـعلوا لـي مـن الشـمس شـعلة«، ثـمّ بكـى النبـي وذهـب، فلمـا رآه عمّـه أبـو طالـب هكـذا قـال لـه: أقبـل يـا بـن أخـي، فأقبـل عليـه رسـول اللـه، فقـال عمّـه: اذهـب يـا بـن أخـي فقـل مـا أحببـت، فـو اللـه لا أسـلمك لشـيء أبـدًا. وبقـي النبـي فـي حمايـة عمّـه ودعـم زوجتـه حتـى ارتفـع الحصـار.

بعـد مـرور ثـلاث سـنوات مـن الحصـار الجائـر أرسـل اللـه الأرَضـة (نـوع مـن النمـل) أكلـت الصحيفـة المعلّقـة

بالكعبة إلّا اسم الله، فأخبر بذلك النبي عمّه أبا طالب، فلما أخبر القوم بأنّ ابن أخيه محمّد يقول كذا وكذا، وقال: إن كان كاذبًا خَلَّيْنا بينكم وبينه، أي تركه لقريش، وإن كان صادقًا رجعتم عن ظلمنا، وأنهيتم المقاطعة، قالوا: أنصفْتَ، فأنزلوا الصحيفة، فلما رأوا الأمر كما أخبر النبي أزالوا الصحيفة الجائرة، وأنهوا المقاطعة والحصار، ولكنّهم ازدادوا كفرًا وعنادًا.

ثلاث سنوات مرّت بالمسلمين كانت أقسى ما مرّ بهم من عنت ومشقّة، حتى اضطرّ المسلمون إلى أكل أوراق الشجر لينجوا من الموت، وفي هذه المحنة العاصفة سخّرت خديجة كلّ مالها للمسلمين، وأنفقته جميعًا غير مبالية بما يبالي به الناس عادة من أهمّية المال للحياة، وضرورة كنزه للمستقبل، وهذا مالم تعبأ به قطّ، وألقت جميع مالها في حجر الرسول يتصرّف فيه كيف يشاء، لقد ربح البيع. ثمّ ما لبث أن انتهى الحصار حتّى ماتت خديجة -رضي الله عنها- وقد كانت المثال الأرقى للإنفاق في وجوه الخير، بل أسمى وجوهها وأرقاها، حتّى جاءتها البشرى من الله بالجنّة والسلام.

انتهت فترة الحصار في شِعب أبي طالب، وقد أنفقت فيها خديجة جُلَّ مالها على المسلمين المحاصَرين،

كمـا كانـت الزوجة الحنـون العطـوف، وهـذا مـن تقديـر الله تعالى لنبيه وللدعـوة في تلـك المرحلـة المبكّرة الصعبـة؛ نظرًا لمـا سيلاقيه مـن مشقّة وعنـت وعَوَز، فكانـت الحضن الدافئ الـذي يستعيـض بـه عـن حضـن الأمّ.

لقـد خفّـف اللـه عـن النبـي بخديجـة، فكان لا يسمعُ شـيئًا ممّـا يكرهُـه مـن ردٍّ عليـه وتكذيـب لـه، فيُحزنُه ذلك، إلّا فـرّج اللّـه عنـه بهـا إذا رجـع إليهـا، تُثبّتُـه وتُخفّف عنـه، وتُصدّقُـه وتُهـوّن عليـه أمـر النـاس، فمـا كان يدخـل بيتـه إليهـا بعـد يـوم شـاقّ في الدعـوة والتبليغ حتّى تخفّف عنه، وسـرعان مـا ينسـى الألـم والحـزن، وتمسـح علـى قلبـه بيـد رفيقـة حانيـة. كمـا أنّهـا واسـته بمالهـا مـن أول يـوم التقيا فيـه، وأنفقـت عليـه حتّـى يتفـرّغ للدعـوة إلـى الإسـلام، ثـمّ آزرتـه بـكلّ مـا تملـك، فكانـت تشـدّ عضـده وقـت الحصار، وتعينـه علـى احتمـال الشـدائد والمصائـب مـع المسـلمين، وتدفـع مـن مالهـا لنصرتـه، ومـن حنانهـا وعطفهـا لمواسـاته وتسـليته لمـا حوصـر في شِـعب أبـي طالـب، فخرجـت مـع زوجهـا، وهـي المترفـة التـي لـم تعتـد علـى حيـاة الشـظف والفقـر، ولكـن أنّـى لهـا أن تهنـأ وزوجهـا حزيـن محاصَـر! فالحيـاة الخشـنة المعدمـة بجـوار المحبـوب الـذي يحمـل رسـالة الخيـر والحـبّ والسـلام ومشـاعل النـور والعلـم؛ خيـر

من ألف حياة هانئة، لكنّها فارغة؛ فالمشاقّ أحيانًا تصنع لذّة هذه الحياة، وما يقع للإنسان من شدائد تعقبها انفراجات، ومصاعب تعقبها نجاحات تكون أجدر بالنشوة واللذة من الحياة النمطية التي تسير على وتيرة واحدة في رغد ويسر وهناء.

وفاة خديجة

انتهى الحصار في السنة العاشرة للبعثة، وانتهت معه أزمة ومشقّة أنهكت كاهل المسلمين، وما كاد النبي يفيق من هذه الشدّة حتى ابتُلي بما هو أشدّ، فقد مات عمّه أبو طالب، وهو يعرف أنّ أذى قريش سيزداد بعد أن كان عمّه يكفّ أذاهم عنه، ثمّ ما كاد يفيق من هذه الصدمة حتى أصيب بما هو أشقّ.

انتهى الحصار وأوشكت خديجة أن تفارق النبي، بعد خمس وعشرين سنة، خمس عشرة قبل الوحي، وعشر سنوات بعده، عاشت فيه تلك الزوجة الصالحة نموذجًا بشريًا فذًّا يُعَدُّ مثالًا حيويًّا نادرًا لكلّ زمان ومكان للمرأة التي تريد أن تترك أثرًا، وتسهم في إنجاح المجتمع. والموت لا محالة حاصد الأرواح إن تعجلت أو تأخرت:

حلّقْ كما شئتَ إنْ طولًا وإن عَرْضا   فالعُمرُ كالغَيمِ يُفني بعضُهُ بعْضا

والمرءُ كالسَّهمِ يَجري في مقادِرِه   حتّى إذا أدركَ المرمى هوى أرْضا

ها هي خديجة تتّخذ من فراش الموت مضجعها، وأوشك قطار الحياة أن يتوقّف في آخر محطّاته الحافلة بالإنجاز، ويوشك الحزن أن يأكل ما تبقّى من لحظات

أمل وسعادة جمعت هذين الزوجين، وأيادي الفراق تُنقِّب عمّا تبقّى من شمل فتشتّته، وتتسلّل المأساة إلى عمود الخيمة فتنخره كما تُنخر العظام، ويا لها من مأساة! ضُمّت إلى قريناتها من المآسي المتلاحقة، فكانت أشدَّهنّ قسوة وأثقلهنّ وطأة، وهكذا طريق الناجحين حافلة بالأشواك، وهذا ما قاله ورقة بن نوفل للنبي من أول الأمر.

في ظلّ هذه الساعات المربكة، يتنزّل جبريل على النبي، ليزفّ إلى خديجة البشرى جزاء بما قدّمته، ويطلب أن يبلغ الرسولُ خديجة بأنّ الله -تبارك وتعالى- يُسَلِّم عليها، وكذلك جبريل يسلّم عليها، ويبشّرها ببيت من لؤلؤ في الجنّة. قال جبريل للنبي: «هذه خَدِيجَةُ، فَإِذا أَتَتْكَ فَاقْرَأْ عَلَيها السَّلَامَ مِن رَبِّي، وَبَشِّرْها بِبَيتٍ فِي الجَنَّةِ مِن قَصَبٍ، لَا صَخَبَ فِيهِ وَلَا نَصَبَ»، والقصب لؤلؤ مُجوَّف ويَاقوت.

يُسَلِّم الله وجبريل على خديجة، ويا لها من بشارة! فما الذي يخافه الإنسان إذا سلّم اللهُ عليه وجبريلُ؟ تلقّت تلك البشرى في أيامها الأخيرة، كأنّه إعلان عن جائزتها في ختام رحلتها، فقد نالت قصب السبق بسبقها إلى الإيمان، والقصب هو اللؤلؤ المجوف جزاءَ

ما بذلته من مالها في سبيل الله، أمّا البيت في الجنّة فهو جزاء لها على البيت الذي ابتنته للنبي ليصبح بيت النبوّة الأول، ونواة الإسلام الأولى في مكّة. لا صخب في بيتها بالجنّة لأنّها ما كانت تصخب ولا ترفع صوتها قطّ في بيت النبوّة، وإشاعتها السلام والمحبّة فيه، ولا تعب في بيتها بالجنّة؛ جزاء لما لاقته مع النبي من مشقّة وعنت، ولقدرتها على التعايش مع الظروف الصعبة في تلك الفترة.

لقد «أزالت خديجة عن النبيّ كُلّ نصبٍ، وآنسته مِن كلّ وحشةٍ، وهوّنت عليه كُلّ عسيرٍ، فناسب أن يكون منزلُها الذي بشّرها به ربُّها بالصفة المُقابلة لفعلها»، فاستحقّت السلام بكلّ ذلك.

بذلك تدخل في قائمة المبشّرين بالجنّة، وهم في الدنيا على قيد الحياة، وهذا فضل من الله عظيم، وجائزة لم تؤتَ إلّا لأفراد من أمّة النبيّ ﷺ؛ لما علمه الله من قلوبهم وأعمالهم، وما قدّموه من تضحية، وما نالهم من عنت، وما أبطنوه من إخلاص وتقوى، وأظهروه من عمل واتباع. فتخيّل أن يسير المرء فوق صعيد الأرض وتحت أديم السماء وهو يؤمن بأنّه من أهل الجنّة، وفي ذلك إعجاز حقيقي لا ريب فيه ولا مراء، فإذا تفكّر المرء

في هـذه النمـاذج التي بُشّرت بأنّها من أصحاب الجنّة ربما قال: إنّه على اعتبار القرابة والصحبة وليس من باب الكفـاءة، وإنّ الأمـر علـى عكـس ذلـك تمامًـا، فـإنّ تبشـير هـؤلاء فيه التحدّي الكامل وإظهار صدق النبوّة والرسالة، وإعجـاز واضـح لا يمكـن إنكاره؛ إذ إنّ هـؤلاء المبشَّرين قد صدقوا الله، وأخلصوا ظاهرهم وباطنهـم، ولو أنّ تلك البشـرى كانـت لقرابـة أو محسـوبية واعتبـارات قبليـة أو نسـبية؛ لـكان مـن الممكـن أن يضـلّ أحدهـم أو يرتـدّ أو ينكص على عقبيه، وعندئذ يكون هدمًا للدين وتكذيبًا لـه؛ إذ كيـف يبشَّـر بالجنّـة مـن لا يسـتحقّها؟

ماتـت خديجـة مبشَّـرة آمنـة مطمئنـة، سـلمت روحها لباريها بعـد أن سـلّم الله عليها وجبريـل، وبعّد أن بشّرها الحبيـب المصطفى بقصر في الجنّة مـن لؤلؤ، غيـر أنّ المصـاب العظيـم يهـوي في قلب النبي بثقله مـن سماء المعانـاة إلى تربـة القلـب النقي، فتثير زوبعـة من الحـزن الشـديد، غيـر أنّ الأنبيـاء لا يتوقّفـون أمام مصائبهم كمن يقفون على الديار يناجونها وهم في غفلة عن مسيرتهم المكتوبـة، ورسـالتهم المكلّفـون بهـا، فيتناسـى الأنبياء وورثتهـم من أهل العلم والنور والإنجاز، آلامهـم من أجل آمـال النـاس، ويمضـون غيـر عابئين بجراح القلب مهما

عظمت، فالقلب له ربّ يؤويه ويملؤه بأنواره القدسية التي تمحو كلّ ألم، وتجبر كلّ كسر.

يا لقسوة المصاب! ويا لعظم الفجيعة! إنّ من يعرف قدر خديجة عند رسول الله يدرك كيف مرّت به أيام الفقد؟ ويشعر بوطأة الحزن والألم، وشدّة المعاناة التي كاد بها القلب يُصدع، ماتت الحبيبة النجيبة، ماتت الحنون الرؤوم، ماتت ذات القلب الكبير، كرمها مغدق، وحكمتها راسخة، وألفتها تجذب القلوب، فتحيل قسوتها إلى رقّة، وتغسل الضغائن بالماء الزلال. سُمّي العام الذي ماتت فيه خديجة وعمّ الرسول بعام الحزن، ويا له من حزن!

رحلت عن الدنيا كنسمة عابرة، بعد أن نثرت أريجها، فعطّرت المكان والزمان، وضربت أروع مثال للأمّ والزوجة والمعلّمة، ورسمت لهنّ خارطة طريق للفلاح والسعادة والإنجاز.

كان رحيلها قاسيًا على قلب محبّها الأكبر رسول الله ﷺ، فقد فارقته وهو في أمسّ الحاجة إليها، إلى عطفها وحنانها ومساندتها، وقد رحل عنه عمّه أبو طالب أيضًا قبلها بقليل، ففارقه أكبر داعمَيْن له في هذه المرحلة المهمّة من بناء الأمّة وتبليغ الرسالة، ولعلّ في ذلك

حكمة عظمى؛ فلا يظنّ ظانّ أنّ النبي لم يكن توكّله التامّ على الله وحده، أو أنّ مساندة عمّه وزوجه أو أيّ أحد ممّن تبعه؛ تنقص من تمام توكّله، كما أنّ في ذلك أيضًا عبرة للمؤمنين بأن يثقوا في قدراتهم على فعل الشيء مهما لاقوا من تعب ومشقّة، كما أنّ فيه عبرة لهم بأن يصبروا على مشقّة الطريق، وإن فقدوا المعين والصديق، ولا يظنّوا أنّهم لن يُبتلوا في سبيل إنفاذ رسالة الحياة الشريفة، ولاسيما أنّ طريقها صعبة، وابتلاءاتها كثيرة، فيروّضوا أنفسهم لتقبّل الشدائد كما فعل النبي ﷺ بعد عام الحزن، وما لاقاه من التضييق الشديد على الدعوة بعد موت عمّه وزوجه، وازدياد إيذاء قريش للمسلمين الجدد، ثمّ ما لاقاه في الطائف من ثقيف، وهنا تتجلّى حكمة الله ومشيئته بأن تخطو الدعوة خطوات جديدة صعبة ومتعثّرة بعد موت أبي طالب وخديجة، فبالشدّة تصلب العزائم، وتشتدّ السواعد، وتنبني الحضارات، فما سمعنا أن الأمم تُبنى بالتراخي والكسل.

تموت خديجة -رضي الله عنها- مخلّفة وراءها قلبًا مصدوعًا حزينًا، وفؤادًا باكيًا كليمًا، وعينًا مُغرورقة ذاهلة، تبحث في وجوه العابرين عن وجه خديجة فلا تجده، فالقلب من يهدهده؟ والفؤاد من يحضنه ويدفئه؟

لقـد كانـت عمـود الأسرة، وسندها، ومتكـأ النبي وأبنائـه، يـا لَلحبيـب النبـي! كـم عانـى بُعدهـا وفراقهـا! وقد مـرّت عليـه امـرأة عثمـان بـن مظعـونٍ فرأتـه حزينًـا، فقالـت:» يـا رسـول اللّـه كأنّـي أراك قـد دخلتـك خلّـةٌ لفقـد خديجـة. فقـال: أجـل. كانـت أُمّ العيـال وربّـة البيـت«. وهـذا يظهـر قـدر الحـبّ والوفاء فـي قلب النبي ﷺ لهـا. وإن أثـر الحـبّ يظهـر لا محالـة فـي وجـه المحبّيـن ولـو صممـتوا:

مـا كلُّ مَـن قالَ إنّي صـادقٌ صَدَقـا   وليـسَ كلُّ فـؤادٍ بالهـوى احْتَـرَقـا

قـد يَبْلُـغُ الصَّمْتُ في الإبـلاغِ منزلةً   لمَّا يَنَلْ شأوَها إفصـاحُ مَـن نَطَقـا

بعـد هـذه السلسـلة مـن المصائـب التـي ألمّـت بالنبي تتـرى يريـد اللـه أن يخفّـف عنـه، فيَسـري بـه إلـى المسجد الأقصـى، ثـمّ يُعـرج بـه إلى السـماء وإلـى سـدرة المنتهـى، ثـمّ يبشّـره اللـه تعالى بزواجـه من عائشـة -رضـي الله عنهـا- فكانـت أحـبّ زوجاتـه إليـه بعـد مـوت خديجـة، فكانـت بمثابـة ردم لأغـوار الجـراح العميقـة، فقـد خُشـي علـى النبي لشـدّة تأثّـره بمـوت خديجـة حتى زفّـت إليـه عائشـة. وقيـل لمّـا ماتـت خديجـة حـزن عليهـا النبـي، فأتـاهُ جبريـل عليـه السـلام بعائشـة في مهـدٍ، فقـال: «يا رسـول اللّه هـذه تذهـب ببعـض حُزنـك، وإنَّ فـي هـذه لخلفًـا مـن خديجـة».

إنّ الأسرة المنسجمة القوية المتماسكة المحبّة المنتمية إذا فقدت عضوًا منها تُظْلِم أركانها، وتنغلق أبوابها، غير أنّ أسرة النبوّة حاشاها أن تقع في ذلك الجزع المدلهمّ، فالدنيا عندها مَعْبَر ومَمرّ، والحياة اختبار، واللقاء قريب، والأيام عجلى، لذلك لما رأى النبي ﷺ خديجة في مرض موتها ذكّرها بأن اللقاء قريب في جنّة عرضها السماء والأرض، فقال لها: «بالكُره منّي ما الذي أرى منك يا خديجة، وقد يجعل الله في الكُره خيرًا كثيرًا، أما علمت أنّ الله زوّجني معك في الجنّة مريم بنت عمران وكلثم أُخت موسى وآسية امرأة فرعون؟» قالت: وقد فعل الله ذلك يا رسول الله؟ قال: «نعم»، قالت: بالرفاء والبنين». وهذه بشرى أخرى يزفّها النبي لخديجة في فراش موتها، ولكنّها ما أظهرت غيرة لمّا عدّد النبي زوجاته في الجنّة معها، فكلّهنّ من خيرة نساء العالمين، وردّت عليه بذوق رفيع: وقد فعل اللهُ ذلك؟ قال: نعم، فقالت: بالرفاء والبنين. وهي عبارة دعاء تقال لمن يتزوج، فسبحان من جمّل لسانها، وأتمّ عليها نعمة العقل.

لم يكن هناك فاصل كبير بين موت أبي طالب وخديجة -رضي الله عنها- فاجتمع على قلب النبي

بذلـك مصيبتـان في آن، لكنّـه مضـى في طريقـه مُضيَّ السيف لـم يَلِـن أو يضعـف؛ ليعلّمنـا أنّ مسيرة الحيـاة لا تتوقّـف بمـوت ولا بمولد، وإنما هي ماضية بنا إلى حيث خلقنـا من تراب الأرض، وإليـه نعـود، فيذوب الجسـد ويبقى العمـل والذكـرى، فكان البنـاء غايته، والتعمير سبيله؛ من أجل هـدف أسمى، وهـو القيـام بمـا كُلِّف بـه، وكلّنا يجب أن يضـع نصـب عينيـه الهـدف نفسـه.

تُوفّيت خديجة ولها ستون سنة تقريبًا، أو يزيد قليلًا، في شـهر رمضـان، ودُفنـت في الحجـون، وقـد بقيت عنـد النبي قبـل الوحي خمسَ عشـرة سنة، وعشـرًا بعـده. وماتت ولرسول الله خمسون سنة تقريبًا، وذلك بعـد خـروج بني هاشـم من الشـعب، ورفع الحصـار عنهـم، قبـل هجرة النبي ﷺ بثـلاث سنين، وبعـد البعثـة بعشـر سنوات، وقبـل أن تفرض الصـلاة.

دُفنـت خديجة -رضي الله عنها- في مقبرة الحجـون، ويطلـق عليها مقبرة المعلاة أو المعلا، أو مقبرة أهل مكّة، وهـي مـن أقـدم مقابرهـا، وتقـع على سـفح جبـل الحجون شـمال شـرق مكّـة، وتضـمّ عـددًا كبيـرًا مـن قبـور بني هاشـم أجـداد النبي ﷺ كقصي بـن كـلاب، وعبـد منـاف، وهاشـم، وعبـد المطلب، وأبـي طالـب، والقاسـم بـن محمّـد،

وأول شهيدين: ياسر وسمية، كما تضمّ عددًا من مقابر الصحابة والتابعين.

نزل رسول الله ﷺ في حفرة خديجة بنفسه، ولم تكن الصلاة على الجنازة يومئذ من السنن المشروعة.

النبي يفتقد خديجة

آذت قريش النبي بشدّة بعد وفاة عمّه، وصار من الصعب جدًّا أن تَشقّ الدعوة لها طريقًا في مكّة، فبدأ يبحث عن مكان آخر تنطلق منه الدعوة، فذهب بعد أشهر قليلة إلى الطائف يحاول أن يجد مَن يناصره، ويتحمّل معه همّ نشر الرسالة، فلم يجد منهم إلّا الاستهزاء، فمن يخفّف عنه الآن ما يعانيه، ويذهب عنه مشقّة ما يلاقيه بعد وفاة زوجته؟

لَشَدَّ ما كان النبي ﷺ يحتاج إلى خديجة -رضي الله عنها- وقلبها الرؤوف الرحيم، بعد ما لاقاه في الطائف، وكانت هذه الأيام من أشقّ الأيام عليه؛ فإنّ ممّا يدمي القلب أن يقرأ عن رحلته إلى الطائف ماشيًا على قدميه، ومكثه بينهم أيامًا يدعوهم، فلم يجد إلّا الإنكار والاستهزاء والردّ؛ فقد كانت بينهم وبين قريش تجارة لا يُرجى بوارها، وزراعة وعلاقات اقتصادية ودينية، فرفض سادتهم دعوة النبي وطردوه، ولم يكتفوا بذلك، بل أغروا صبيانهم وعبيدهم به ، فكانوا يرمونه بالحجارة حتّى دميت قدماه الشريفتان، وخرج من الطائف لا يدري إلى

أيّ وجهة يتّجه، فلابدّ أن قريشًا قد عرفت رحلته، ثمّ إنّ أبا طالب قد مات، وكان حصنه الحصين، وخديجة -رضي الله عنها- ماتت، وكانت حضنه الدافئ الحنون، فاستجار بالمطعم بن عدي، فأجاره وحماه وأدخله مكّة في السنة العاشرة للبعثة، وكان المطعم نفسه أحد الستة الذين نقضوا صحيفة المقاطعة الجائرة.

أراد الله أن يقع النبي ﷺ في هذا الابتلاء الشديد المتتالي، وقد غابت عنه حبيبته وعمّه، فلا يجد ملتجأ إلّا الله. بدأت هذه السلسلة من الابتلاءات القاسية من أول يوم للبعثة، دعوة سرّية ثلاث سنوات لم تسفر إلّا عن عدد قليل من الأتباع المسلمين، ثمّ أربعة أعوام من العذاب المهين يناله فقراء المسلمين، سبعة أعوام يُحارَب المسلمون حربًا قاسية، ظلم وتعذيب وقتل، ثمّ ثلاث سنوات جدباء يحاصَرون في شعب أبي طالب حصارًا جائرًا من قِبَل قريش، وفي السنة العاشرة تشتدّ الأحزان بموت أبي طالب وخديجة، ثمّ يُختم كلّ ذلك برحلة الطائف.

كانت رحلة الطائف من أشدّ الأيام على رسول الله، وقد وصف هذه الرحلة بأنّها كانت أشقّ عليه من يوم أحد؛ فقد جاءت ولا معين له ولا حصن غير الله، وهو

نعم الوكيل. هنا يشعر النبي بمساحة فارغة كبيرة في حياته، ودور عظيم كانت تقوم به زوجته، فمن يلملم الجراح؟ ويطمئن الروح ويهدهدها؟!

كان النبي في حاجة شديدة إلى من يُسَرّي عنه بعد هذه المصائب المتتالية، وقد سرّى الله عنه بعد هذا العام الحزين بحادث مفصلي عظيم، وهو الإسراء والمعراج، توثّقت به علاقة الأرض بالسماء، وعلاقة البيت الحرام بالمسجد الأقصى، وعلاقة الماضي بالحاضر بالمستقبل؛ إذ وصلت تلك الرحلة التاريخ والجغرافيا، فوصلت أول مسجد وُضع على الأرض في مكّة بالمسجد الأقصى، وهو ثاني مسجد وضع للناس. كما وصلت رحلة الأنبياء المتصلة التي انتهت بالنبي محمّد الذي أمّهم جميعًا في المسجد الأقصى المبارك، لتتوحّد الكلمة على قول لا إله إلّا الله، ويبقى المسجد الأقصى شاهدًا على هذه اللحمة البشرية، والدعوة الواحدة إلى عبادة معبود واحد. كما وصلت تلك الرحلة الأرض بالسماء عبر رحلة معراج سماوية؛ إذ يصعد النبي إلى السماء لينال الجائزة العظمى، والصلة الكبرى، فيدنو حتّى كان قاب قوسين أو أدنى، ويتلقّى الأمر بالصلاة التي تظلّ ميثاق حبّ وطاعة.

أتمّت خديجة رحلتها من النبي، وكانت رحلة ناجحة، أراد الله أن يقبضها والنبي في أمسّ الحاجة إليها؛ فلا يكون أيّ ركن يركن إليه إلا ركن العزيز الرحيم، وصلت رحلة هذه المرأة الناجحة إلى نهايتها صابرة محتسبة مع زوجها، ضحّت فيها بالغالي والنفيس لإنجاحه، ودعمه ومساندته، وهكذا يكون بناء الحياة؛ لتستمرّ، وتزدهر بالحبّ، والعطاء، والبذل، والتضحية. وكما يقال: خلف كلّ رجل ناجح امرأة ناجحة مثله، وخلف كلّ عظيم امرأة عظيمة. وبالمثل: خلف كلّ امرأة عظيمة رجل عظيم.

إنّ عددًا من الأعمال التي يقوم بها بعض الأزواج يتطلّب أن تكون الزوجة من فئة خاصّة، تتحلّى بالصبر الشديد، وتتغاضى عن كثير من رغباتها بل حقوقها، وتضطلع بالمسؤولية الكاملة في تربية الأبناء، وهي محتسبة أجرها، وواضعة في عقيدتها أنّها تقود أسرتها برفقة زوجها لإدراك أسرار النجاح، والارتقاء في مراقي النبوغ والعبقرية، والصعود إلى قمّة المجد، وأنّ نجاح زوجها نجاح لها، وكلاهما في بوتقة واحدة ممزوجًا متراكبًا كتراكب الذهب والألماس في قطعة فنّية بديعة، فامرأة زوجها عالم أو ولي أمر أو طبيب أو ضابط أو عسكري أو أديب، وأخرى زوجها مخترع أو مبدع

موهـوب، أو غيـر ذلـك مـن الوظائـف والمواهـب؛ هـي امـرأة كُتبـت عليهـا التضحيـة، ويجب أن تدرك ذلك قبـل الزواج، فهـي استثنائية كمـا أن زوجها استثنائي، وكذلـك كانـت خديجة، فهـي مقبلـة علـى الـزواج مـن شـابّ تـدرك مـا هـو مقبـل عليـه؛ لذلـك تخلّـت عـن كلّ شـيء، وقدّمـت كلّ شـيء مـن أجـل نجـاح أول أسـرة فـي الإسـلام، وقـد فعلـت، وحملـت أمانتهـا حتّـى رحلـت فـي عـام الحـزن.

انتهـت سـيرة هـذه المـرأة الخالـدة، ولكـن لـم تنتـهِ قصّتهـا، فقصّتهـا خالـدة فـي قلـوب المسـلمين، وأثرهـا بقـي يعتمـل فـي صـدر النبي حتـى لحق بهـا بعـد ثلاث عشـرة سـنة عاشـها بعدها يحمـل ذكراهـا، ولا يضنّ بإظهـار حبّـه ووفائـه لهـا، حتـى كانـت نسـوته يغـرن منهـا وهـي تحـت الثـرى، وهـذا عجيـب أن يغـار الأحيـاء مـن الأمـوات! ودليـل بـارز علـى شـدّة حبّ النبـي خديجة ووفائـه لهـا.

ربح البيع

تكاد الثواني تجري خارج إطار الزمن، وكأنّه قد توقّف، ونبض القلب يتثاقل كالمنهك ينوء بحمل لا يقوى عليه، والأفق ضبابي رمادي لا تتحقّق فيه الألوان، ولا تنجلي في نهاره الأشياء، ولا تسكن في أماسيه الأنفس، ولا ترتاح العيون، ساهدة بسهر القلوب المتلفتة إلى أحبابها المفارقين، والأكباد متحرقة على ذكراهم التي تضجّ أمام العيون، والأماني التي تقفز في الصدور شوقًا للحظة واحدة يضمّ فيها الحبيبُ الحبيبَ، ويعود الشعاع اللامع المنطلق من عين الواجد إلى توأم روحه، فلا تجد الرموش جرأة لترمش، ولا الجفون رغبة لتفتر، كلّ شيء متيقّظ ولعًا ونشوة باللحظة، يعانق الخيالُ الخيال، والقلب يوشك أن ينفلت من بين الضلوع باحثًا عن المحبوب:

أُسابِقُ الرُّوحَ في حُبّي فَتَسبِقُني   ويُبصِرُ القلبُ ما يَخفى عن الحَدَقِ

وأنزِفُ الشِّعرَ نَزْفًا وهْو يكتُبُني   حتّى استوَتْ لَذَّةُ الإبحارِ بالغَرَقِ

هذا حال المحبّين، فإذا افترق أحدهما بقدر الله أظلمت الأركان والجوانح وذبلت الأفكار وتشتت

الخيـال؛ فمع الحبيـب يتسارع الزمن وبنشوة الحبّ تهـون مصاعبه، وبدونـه يتثاقل وبألـم الفراق تشتدّ ثوانيه؛ فمـا أسـرع اللحظـات ولـو كانـت دهـرًا، ومـا أبطأ الهمـوم ولـو كانـت لمحًا، هـذا مـا يجده الحبيب الصادق عنـد فراق محبوبتـه المخلصة.

إذن: ماذا بعد أن ماتت خديجة؟

راحت وذكراهـا لا تفتأ تلوح أمـام قلب النبي فيلتفت بحثًـا، وتمـوج في جوانحه فتضطرم حبًّا، وتيار من النبض المحمّـدي الوفي يتدفّق شوقًا.

لقـد علّمنـا الحبيـب بعـد وفـاة خديجـة أيضًـا كيـف يحـبّ الـزوج زوجتـه. مـن هنـا نستطيع أن نفهـم مـا كان يعانيه النبي مـن مشقّة نفسية لفراق محبوبته؛ لذلك من الجيـد أن يحـاول كلّ امرئ أن يتمتّـع بمـا وجـده مـن نعـم ومنـح في الحيـاة، ويلتـذّ بهـا، ولاسـيما إن رُزق هـذه النعـم في زوجته وأولاده ووظيفته ووطنه، لابـدّ أن يشـعر بتلك النعـم ويشكرها ويرعاها ويحافـظ عليها، فالحرمـان منها أمـر عسـير، والفـكاك مـن عسـرة الفقـد والحرمـان يقتضي صبـرًا شـديدًا ربمـا لا يقـوى عليه كلّ واحد؛ لذلك فشكر النعمة يزيدهـا وينمّيها.

ماتت خديجة الطاهرة الصديقة ولم ترَ نتاج ما غرسته وما بذلته إلّا قليلاً، فقد فارقت النبي و مايزال المسلمون قلّة مستضعفين، وإنّه لمن الرائع أن يلحظ الإنسان جزاءه ملموسًا لفعل حسن وصنيعة قدّمها، ولكن قد لا يلمس نتاج صنائعه، وعاقبة أفعاله، وثمار غراسه؛ إذ قد يؤخّر الله ذلك، فلا يلقاه إلّا يوم القيامة، وقد ضاعف الله له الأجر؛ دون أن يجد مقابل صنائعه في الدنيا، فيجده مخبوءًا له في الآخرة؛ لذلك يجب ألّا ييأس الإنسان إذا لم يجد ثمرة غرسه، فقد لا تُجنى ثماره إلّا بعد سنة أو عشر أو حتّى قرن أو قرنين، وإنّ هناك عددًا من العلماء والمفكّرين لـم يُدرس نتاجهـم إلّا بعـد موتهـم بمئات السنين، كمـا أنّ هنـاك رمـوزًا مـن المفكّريـن والفنانيـن والموهوبيـن لـم يُقدَّروا أو يُعرفوا إلّا بعد أن ماتوا بعشرات السنين؛ لذلك يجب على المرء أن يسعى ويغرس ولا ينتظر ثمرة غرسه، ولكن عليه أولًا أن يحتسب، وينتظر الأجر من المعبود.

قـد تمـوت الأمّ أو الأب ولم يقطفا ثمار الزرع الـذي زرعـاه، أو يتفيّـأ أحدهمـا أو كلاهمـا ظلال الغرس الـذي غرساه، وليـس ذلـك بقليل ولا هيّـن على النفس، فأيّ فرحـة تدخـل في قلـب الأمّ والأب لمـا يريانـه في عيـون أبنائهما مـن فرح والتماع إذا حقّق أحدهم فوزًا وانتصارًا

على مصاعب الحياة! أو حقّق هدفًا مشروعًا كالزواج والتخرّج من الجامعة أو اجتياز اختبار أو غير ذلك! إنّها فرحة عارمة تجتاح قلب الأمّ والأب عند كلّ نصر يحقّقه الابن، ولكن خديجة لم تشهد التماعة النجاح المبين في عينيْ زوجها ولا عيون المسلمين، فماتت والمسلمون يمرّون بسنوات صعبة، يخرجون من محنة إلى أخرى.

مع ذلك فقد رأت من البشريات التي تجعلها تفارق الدنيا راضية مستبشرة، ثمّ بعد موتها يُكِنُّ لها النبي من الحبّ والتقدير والثناء والوفاء ما جعل زوجاته الأخريات يغرن منها، ثمّ إنّ لها بين المسلمين الذكر الخالد والنبراس المضيء، وهذا كلّه يُطَمْئِن كلّ إنسان يزرع الخير للناس بأنّه لن يعدم جوازيه، ويحفز كلَّ ماض على ظهر البسيطة على أن يغرس ما يمكن غرسه من الأفعال والأخلاق الفاضلة والأثر الطيّب وهو واثق أنّه سيجده ولو بعد حين.

كانت السيدة عائشة أقرب النساء إلى قلب النبي بعد وفاة خديجة، ومع ذلك كانت لا تغار من نسائه وهنّ على قيد الحياة بقدر ما كانت تغار من السيدة خديجة وهي ميتة، وما رأتها قطّ في حياتها، وكانت تقول: «ما غرتُ

على امـرأةٍ للنبي كمـا غرت علـى خديجـة؛ لِكَثرة ذِكـر رسول اللَّه إيّاها، وثَنائِه عليها». ومـع ذلك فهـي أكثـر مَن نقـل إلـى المسلمين فضـل خديجـة -رضي الله عنهـا- في الإسلام، وهـذا يـدلّ علـى صفاء روحها وصدقها وأمانتها علـى الرغـم مـن غيرتها، فإنّ هـذه الغيرة لـم تجلـب الحسد والحقـد والغلّ كمـا يقـع بيـن النـاس، ولكنّهـا الغيـرة التـي تجلـب التنافـس في المحبّـة، والغبطـة لا الحسـد، ورجـاء الخير مع عـدم السعي لمنعه عن الآخر.

كان النبي يكثر مـن ذكر خديجـة بعد موتها، وفاءً وحبًّا وشـكرًا، فقالـت لـه عائشـة في إحـدى المرات: ما تذكُرُ من عجـوزٍ مـن عجائـز قُريـشٍ حمـراء الشـدقين (أي: تسـاقطت أسنانها لكبرها)، هلكـت فـي الدهـر (أي: هرمـت)، فأبدلـك الله خيـرًا منها؟

فقـال: «مـا أبدلني الله -عزّ وجلّ- خيـرًا منها، قد آمنت بي إذ كفر بـي النـاس، وصدّقتني إذ كذّبني النـاس، وواسـتني بمالها إذ حرمنـي النـاس، ورزقنـي الله -عزّ وجلّ- ولدهـا إذ حرمني أولاد النساء»، وقال لهـا: «إنّي قد رُزقتُ حُبّها».

لأجل هـذه الصفـات استحقّـت خديجـة أن تكون مـن خيـر نسـاء الدنيـا قاطبـة، ولـك أن تتخيّـل هـذا الفضـل العظيـم، فإنّ الإنسـان إذا أحـرز تقدّمًا علـى أقرانه في فنّ أو

علم يشعر بالفخر، فإن كان التقدّم على مجايليه وأهل عصره، أو حقّق لقبًا عالميًا يرفع به اسمه، واسم أسرته ووطنه؛ فالأمر يومئذ مختلف، والفخر مختلف، فما بالنا إذا كان اللقب على مستوى البشرية؟ فليست كلّ المراقي واحدة، وليست كلّ النجوم تسطع بقدر واحد.

كان الرسول يقول: «خيرُ نساء العالمين: مريمُ بنتُ عمران، وخديجةُ بنتُ خويلدٍ، وفاطمةُ بنتُ محمّد وآسيةُ امرأةُ فرعون»، وفسّر عدد من العلماء ذلك بأنّ كلّ واحدة كانت هي الأفضل في عصرها.

لا يمكن الادّعاء بأنّ هذه الخيرية تُورَّث، ولكنّها صنيعة العمل والكسب والكدّ ومعالجة النفس وترويضها من أجل صنع مثل هذا المقام العالي من الفضل، فأيّ فضل يساوي تربّع امرئ ما على عرش الأخلاق حتّى نال الخيرية المطلقة، وأحرز قصب السبق، ووقف في المقدّمة، كلّ الناس دونه، ويأتون بعده! وهذا فضل لا ينالُه القعيد:

حُلُمُ القَعيدِ العَيشُ في الظَّلْماءِ   لا تَأْسَفَنَّ على القَعيدِ فإنّما

أَحلامَهُ بكواكِب الجَوْزاءِ   فاصْحَب إلى الأُفْقِ الشَّريفِ مُلبّيًا

فَرْدًا على شَوْكٍ وطُولِ عَناءِ   مِنْ كُلِّ أَلْفٍ رُبَّما بَلَغَ العُلا

أُسرى بِلا صَحْبٍ بألْفِ ضِياءِ   مَن واجَهَ الظَّلْماءَ مَشْغوفًا وَقَدْ

كيف لا يحبّ النبي امرأة هذا وصفها؟ وكيف لا يذكرها بعد وفاتها؟ وكيف لا تغار السيدة عائشة من امرأة هذا شأنها؟ إنّ غيرة السيدة عائشة تدلّ على شدّة حبّ النبي ﷺ خديجة وإظهاره هذا الحبّ، ولا تكون الغيرة إلّا ممّن زاد فضله وجَمُل، وقد كانت خديجة ممّن كمل من النساء عقلًا وصدقًا ومودّة.

ممّا اختصّ به النبي زوجته خديجة من فضل أنه لم يجمع معها امرأة أخرى تكريمًا لها ورفعًا لشأنها، وخصيصة اختصّها الله بها، مع أن تعدّد الزوجات سنّة النبيّين قبله، وكذلك سنّة العرب، فكان جماع حبّ النبي مقصورًا عليها غير موزّع بين نسوته، جزاء لجهادها معه وصبرها ونفقتها ومواساتها واحتضانها وشفقتها، وقد كانت جديرة بذلك.

بذلك تكون قد اختُصّت بثلثي حياة النبي الزوجية، فقد عاش متزوجًا ثماني وثلاثين سنة، منها خمس وعشرون مع خديجة وحدها، وثلاث عشرة سنة مع غيرها من زوجاته الأخريات، فقد استأثرت بقلب النبي دون ضرائر ينغّصن عليها، ويكدّرن حياتها، ولا شكّ أنّ الاستئثار بقلب الرجل فيه فضيلة وتملُّك، ولاسيّما إذا كان قلبًا محبًّا عاشقًا ولهان، فإنّ الحياة تجمل وتتزيّن،

ويجتاز الزوجان مصاعبها بيسر وثقة وقدرة.

لم يتوقّف العطاء الربّاني لخديجة عن تبشيرها ببيت في الجنّة من قصب، وهو شيء عظيم، ولكن جعلها خير نسائها مع ثلّة من النساء اللواتي بلغن من الرتبة مبلغًا عظيمًا يعلمه الله، ففي أحد الأيام جلس الرسول وحوله أصحابه، فخطّ في الأرض خُطوطًا أربعةً، قال: «أتدرون ما هذا؟»، قالوا: اللّهُ ورسولُهُ أعلمُ، فقال: «أفضلُ نساء أهل الجنّة خديجةُ بنت خويلدٍ، وفاطمةُ بنتُ محمّد، ومريمُ بنتُ عمران، وآسيةُ بنتُ مُزاحمٍ امرأةُ فرعون».

إنّ عظم الأجر يدلّ على عظم الفعل، وكون خديجة من نساء الجنّة فهذا عطاء عظيم، أمّا كونها من أفضل نساء الجنّة جميعًا فأيّ كلام يمكن أن يصف هذا الفضل؟ إنّ المرأة من أهل الجنّة فيها من الصفات ما تعجز العقول عن استيعابه، وتتشوّق العيون إلى رؤيته، وتتشنّف الآذان لسماعه، فيرقّ القلب شوقًا لهنّ، وتدفع إلى العمل الجادّ والطاعة الدؤوبة من أجل مكافأته بما في الجنّة من نعيم عظيم مقيم، وخلود لا يخشى به فوات النعم وتلاشي الخير وذهاب العمر، وقوة لا يخشى بها الضعف والحاجة ولا الخور والكبر ولا الملل والكسل، وإنّ نساء الدنيا بمنزلة الحور، بل قيل: تفضلهنّ، وصفات

عوام النساء في الجنّة لا يمكن قياسها على صفات نساء الدنيا، فما بالك بصفات الخواص منهنّ كخديجة، وممّا يوضّح ذلك قوله تعالى: ﴿كَأَنَّهُنَّ الْيَاقُوتُ وَالْمَرْجَانُ﴾، أراد صفاء الياقوت في بياض المرجان، شبّههنّ في صفاء اللون وبياضه بالياقوت والمرجان.

قال الله تعالى: ﴿وَلَهُمْ فِيهَا أَزْوَاجٌ مُطَهَّرَةٌ وَهُمْ فِيهَا خَالِدُونَ﴾، وقد لُقِّبَت خديجة بالطاهرة في الدنيا، والطهر من أهم صفات نساء الجنّة، فتناسب أن تكون سيدة نساء الجنّة لطهرها، فالمطهّرة في الدنيا هي من طهرت من كل أذى جسدي ونفسي، وقيل: هي المطهّرة من طهرت من الحيض والبول والنفاس والغائط والمخاط والبصاق، وكلّ قذر، وكلّ أذى يكون من نساء الدنيا، فطَهُر مع ذلك باطنها من الأخلاق السيئة، والصفات المذمومة، وطهّر لسانها من الفحش والبذاء، وطهر طرفها من أن تطمح به إلى غير زوجها، وطهرت أثوابها من أن يعرض لها دنس أو وسخ، وغير ذلك من الصفات الحسنة، وكلّ هذه الصفات تكون بالأولى في نساء الجنّة، وقد جمعت خديجة -رضي الله عنها- الفضيلتين في الدنيا والآخرة.

بهـذا تكـون قـد حصـدت ثمـرة غرسـها، ونالـت جزاءهـا مشـكورًا، وهـي فضائـل نالتهـا تكريمًـا لهـا علـى مـا قدّمتـه للنبـي والمسـلمين.

أعظم قصة وفاء

بقـي النبـي وفيًّا لخديجـة بعـد موتهـا وفـاء عظيمًـا، يتنسّـم ذكراهـا مـع كلّ هبـة ريـاح مـن شجـن، ويستدعي مواقفهـا، ولا يتحـرّج مـن ذكـر فضائلهـا، وذلـك لعميـق حبّهـا وسعـة فضلهـا وامتـداد أثرهـا، وقـد تجسـد هذا الوفـاء فـي كثيـر من المواقـف، وعـدد مـن الصـور المختلفـة للوفـاء، وهـو يعكـس مقـدار حـبّ النبـي إياهـا، وشـدّة تعلّـق قلبـه بهـا.

لـم يتـرك النبـي ﷺ مناسبة إلّا استدعى فيها ذِكرَ خديجـة التـي ملأت عليـه قلبـه واحتضنـت فـؤاده، حتـى غـارت منهـا عائشـة ابنـة الصديـق، علـى الرغـم مـن مـوت خديجـة، وكانـت امـرأة كبيـرة، وعائشـة فتـاة شـابّة وضيئـة جميلـة محبّبـة إلـى قلـب الرسـول، وهـي ذات قـدر عظيـم عنـده، غيـر أنّهـا لمـا كان يكثـر النبـي مـن تذكّـر خديجـة والثنـاء عليهـا كانـت تغـار، قالـت: «كان رسـول الله إذا ذكـر خديجـة لـم يكـد يسـأم مـن ثنـاء عليهـا، واستغفار لهـا، فذكرهـا يومًـا، فحملتنـي الغيرة، فقلت: لقد عوضـك اللـه مـن كبيـرة السـنّ، فرأيتـه غضـب، فقلـت فـي نفسـي:

اللهــمّ إنْ أذهبـت غضـب رسـولك عنّـي لـم أعـد أذكرهـا بسـوء، فلمـا رأى النبـي مـا لقيـت، قـال: «كيـف قلـت؟ والله لقـد آمنـت بـي إذ كذبنـي النـاس، وآوتنـي إذ رفضنـي النـاس، ورزقـت منهـا الولـد».

إنّ إكثـار النبـي ﷺ مـن ذكـر خديجـة والثنـاء عليهـا والغضـب لهـا وفـاء كبيـر، ولاسـيّما أمـام زوجاتـه، ومنهـنّ عائشـة التـي تزوجهـا بكـرًا، ويعـرف مـا يكـون فـي نفـوس المحبّيـن مـن الغيـرة، ولاسـيّما فـي سـنّهم الصغيـرة، إنّ فـي ذلـك لدليـلًا علـى شـدّة حبّـه خديجـة، وتعلّقـه بهـا، وفيـه رسـالة ضمنيـة مسـتمرّة لزوجاتـه ليحتذيـن حذوهـا، وكذلـك لبقيـة نسـاء الأمّـة.

مـن أهـمّ صـور هـذا الوفـاء أنّـه مـا كان يـرى أحـدًا يذكـره بخديجـة إلّا أكرمـه، وأحسـن إليـه، وقدَّمـه، فـكان لا يـرى إحـدى صويحباتهـا حتـى يبرّهـا. فـإذا ذبـح شـاة كان يبعثُهـا فـي صدائقهـا، فيقـولُ: «اذهبـوا بـه إلـى فُلانةٍ، فإنّهـا كانـت صديقـة خديجـة، اذهبـوا بـه إلـى بيـت فُلانةٍ، فإنّهـا كانـت تُحبُّ خديجـة» وذلـك لـكلّ مـن كـنّ تربطهـنّ بهـا علاقـة ودّ وصحبـة أو قرابـة. كمـا أنّـه كان يرسـل بالهدايـا أيضًـا إليهـنّ. قـال أنـس بـن مالـك: كان النبـي -صلّى اللّـه عليـه وسـلّم- إذا أتـي بهديّـة قـال: «اذهبـوا بهـذا إلـى بيـت فلانـة؛

فإنّها كانت تحبّ خديجة، واذهبوا بهذا إلى بيت فلانة؛ فإنّها كانت صديقة لخديجة».

ثمّ إنّه كان يحسن استقبال من كانت تربطه بخديجة أيّ علاقة، ومنهنّ عجوز كانت تأتي النبي -صلّى اللّه عليه وسلّم- فيبشّ بها ويكرمها، فقالت له عائشة رضي الله عنها: بأبي أنت وأمّي، إنّك لتصنع بهذه العجوز شيئًا لا تصنعه بأحدٍ. قال: «إنّها كانت تأتينا عند خديجة، أما علمت أنّ كرم الودّ من الإيمان». وجاءته أخرى، فقال لها: «من أنت؟» قالت: أنا جثّامةُ المُزنيّةُ، فقال: «بل أنت حسّانةُ المُزنيّةُ، كيف أنتم؟ كيف حالُكُم؟ كيف كُنتم بعدنا؟» قالت: بخيرٍ بأبي أنت وأُمّي يا رسول اللّه، فلمّا خرجت قالت له عائشة: يا رسول اللّه، تُقبلُ على هذه العجوز هذا الإقبال؟ فقال: «إنّها كانت تأتينا زمن خديجة، وإنّ حُسن العهد من الإيمان»، وذُكر أنّ أمّ زفر كانت ماشطة خديجة، وأنّها كانت تأتي رسول اللّه فيكرمها، ويقول: إنّها كانت تأتينا أيام خديجة. وغير ذلك من الآثار الكثيرة التي تظهر كيف كان يستقبل من تُذَكِّرُه بها.

هذا من أعظم طرق البرّ بالموتى، نتعلّمها من رسول اللّه، فنكون أوفياء للراحلين عن هذه الدنيا، بارّين بهم

بعـد موتهـم، فالوفـاء لا يقتصـر علـى الأحيـاء، ولكـن مـن عظيـم البـرّ أن يبـرّ المـرء مَـن رحـل، كالأب والأمّ والزوجـة والصديـق وكلّ إنسـان كان لـه صحبـة وعلاقـة طيّبـة، وبـرّ هـؤلاء يشـمل عـددًا كبيـرًا مـن الطـرق، كرعايـة الأهـل والأبنـاء، والنفقة عليهـم، وزيارتهـم، والتصدّق عـن الميت، والدعـاء لـه، وذكـره بالخيـر حتّـى يدعـو لـه النـاس، وإحيـاء ذكـراه الحسنة وسيرته الطيّبـة برعايـة المشاريع الخيريـة التي كان يقـوم عليها.

مـن صـور وفـاء النبي لخديجـة أيضًـا وشـكره لهـا أنّـه لـم يتـزوج معهـا في حياتهـا امرأة قطّ، بينما لـم يقـع ذلك لغيرهـا مـن نسـائه، فبقيت تمـلأ عليـه قلبـه حبًّا وحنانًا ومـودّة، ولطفًـا وقربًـا وصلـة، كمـا ملأت عليـه بيتـه ذرّيـة فشـغلته وجذبتـه، كمـا أعانتـه بحكمتها ونصيحتها ومالها وحسبها، فلـم تـدع للنبي مجالًا بـأن يشـرك معهـا غيرها، وهـذه فضيلـة لهـا دون سـواها، ففيهـا الغنيـة عن بقية النسـاء، فكان ذلك اعترافًـا بفضلهـا، وتقديـرًا لدورهـا، وحبًّا لهـا.

مـن وفائـه أيضًـا لهـا أنّـه لـم ينسَ صوتهـا، فمـا يـزال صـداه يـرنّ في أذنيـه ، وإنّ الإنسـان يضمحـلّ في ذاكرتـه أثـرُ مَـن يفقدهـم مع الوقـت، ولعـلّ أوّل ما يتلاشـى من الذاكـرة الإحسـاس بالصوت؛ فهـو أدعـى للتلاشـي مـن

الصـورة الشـكلية التـي تنطبـع فـي الذهـن، ولكـنّ النبي كان يَبَـشّ لـمّا يسـمع أقرب الأصوات لصـوت خديجة، ويتلهّـف عليـه، ويميّـزه عـن غيـره، وقـد كانـت أختها هالة تحمـل الصـوت نفسـه، فإذا سمعه قال: اللهـمّ هالة، رغبـة منـه أن تكـون هـي حرصًـا علـى تنسّـم ذكـرى الحبيبـة من وراء جـدُر الفـراق، والاستبشـار بصوتهـا الـذي يحيـي فيـه الحـبّ النقي الصافي.

مـن وفائـه أيضًا موقفـه مـن أبـي العـاص بـن الربيـع زوج ابنتـه زينـب لمـا ذهبـت تفتديـه بعـد أن أسـره المسـلمون فـي غزوة بـدر، وكان مـا يـزال علـى الكفـر، فمـا وجـدت زينب إلّا أن تفتديـه بشـيء يرقّ لـه الرسـول ﷺ، ويسـتدعي إلـى وجدانـه الحـبّ الخالـد، لقـد افتدتـه بقلادة السـيدة خديجـة، كانـت قـد أهدتهـا إياهـا فـي زواجهـا؛ فلمـا رأى رسـول اللـه القلادة، بكـى وقال لأصحابـه: إن شئتم أطلقتم أسيرها وأعدتـم لها قلادتهـا، يـا لهـذا الحـبّ العظيـم! ويا لهـذه القشـعريرة التـي يجـب أن تسـري فـي جسـد كلّ مـن يقـرأ هـذا النمـوذج الخالـد للحـبّ الحقيقـي! لا الحـبّ العبثـي الـذي لـوّث الأبصـار والأسـماع، وحـول الرذيلـة إلـى فضيلـة، والسُّـوقة إلـى متبوعيـن ورمـوز مؤثّـرة موجِّهـة.

لقـد كان النبي ﷺ يرقّ لـكلّ شـيء يحمل رائحة

خديجة ويجدّد ذكراها، حتّى القلادة، لقد ضرب لنا بذلك المثل الحي لحسن الخلق والوفاء، وليس بغريب على أخلاقه التي كان يجسدها كنموذج مثالي للأخلاق الفاضلة، فكان خلقه القرآن، أو قرآنا يمشي على الأرض، قال تعالى فيه:)وَإِنَّكَ لَعَلَى خُلُقٍ عَظِيمٍ([القلم: 4]، وكيف لا يكون كذلك؟ وهو القائل: «خيركم خيركم لأهله، وأنا خيركم لأهلي»، وقد تجلّى هذا الخلق مع السيّدة خديجة التي منحها الحبّ الدافئ الصافي الخالد، ومنحته هي كلّ ما تملك من قلب بمشاعره، وفؤاد بأحاسيسه، وذهن بوعيه، وعقل بأفكاره، وما دون ذلك من متاع الدنيا، فنفع الله بها الدين والناس، وبقيت راية لكلّ مهتد، ومنارة لكلّ سائر، وهكذا تبقى النماذج الحية الخالدة لمن يعقبها، فتعلو بها همم السالكين، وتتلاشى أوهام المحبطين المتخاذلين، ولا يبقى لهم بين الناس حجّة ولا عند الله.

قد يُنسى المرء بعد موته بيومين أو ثلاثة، وقد يُنسى بعد عام أو اثنين، وإن واحدنا ليَنسى مع مرور الزمان مَن فارقه، أو يتخفّف من ذكره مستعيضًا عنه بما جدّ في حياته فشغلها، والنسيان سنة وربما فضيلة في مثل هذه المواقف، فمن فضل الله تعالى أنّ الإنسان إذا فقد عزيزًا

لديـه قـد ينخلـع لـه قلبـه، ثـمّ هـو مـع الوقـت ومـع التصبّر وحسـن التأسّـي تهـون عليـه المصيبـة وتخفّ المشـقّة، وتقـلّ المعانـاة والسـهد، فيتسلّـى بذكـر اللـه وبالنـاس عمّـن فارقـه؛ لذلـك فـإنّ «الصبـر عنـد الصدمـة الأولـى»؛ ففيهـا تظهـر قـوة الإيمـان، وتتجلّـى قيمـة التعقّـل وربـاطة الجـأش، وهـدوء النفـس، وثبـات القلـب، والسـيطرة علـى المشـاعر والتصرّفـات، وكـلّ ذلـك مـن الرضـا بالقـدر، غيـر أنّ أهـل الشـيم الفاضلـة والأخـلاق الحميـدة لا يَنسـون أبـدًا مـن أحسـن إليهـم مـن السـابقين، فـلا يلـوون عـن ذكرهـم، ولا يفتـؤون يستحضـرون سـيرتهم وذكرياتهـم، ومـن أوفـى مـن رسـول الله! كمـا أنّ هنـاك مـن النـاس مـن لا يمحـو النسـيان أثَـرَه، ولا يمحـق الدهـر ذكـرَه، ومـن أولـى مـن خديجـة بذلـك! فليسـت ممّـن يغيّبهـا التـراب، فهـي أهـل للذكـرى، والنبـي أهـل التذكّـر والوفـاء، وقـد كانـت لـه الحضـن الدافـئ فـي المُلمّـات، والعـون فـي الشـدائد العسـيرات.

الخاتمة

حاولت في هذه الرحلة أن أستقصي أخبار أمّ المؤمنين خديجة بروح سردية، مسقطًا ما يمكن إسقاطه على الحياة المعاصرة، مستخلصًا بعض العبر، مسلّطًا الضوء على أهمّ ما ميّزها، فجعلها امرأة متفرّدة؛ لقد كانت من خلال ما بثّته في هذا الكتاب مثالًا حيًّا سرمديًّا ينتفع به الباحثون عن الحياة وما بعدها، والأثر الطيب، والعمل الصالح، وقد أثبتَتْ أنّ الإنسان بما أوتي من قوة التفكير وجدارة الذات يمكن أن يصنع المستحيل، ويتحدّى كلّ المعوقات والمصاعب، ويمكن أن يصنع له شخصية متفرّدة تُقيم نفسها على الحقّ، وإن تخاذل عنه المحيط البشري، ويلتحف ظلال النور ولو أحبّ الناس العتمة، ويأخذ بأيدي الضعفاء والمساكين والجهلاء إلى شطوط المعرفة وأطواد القوة والجدارة، وأنّ النفس البشرية مهما اشتدّت على صاحبها لتسلك به مسالك الوهن والاستسلام والتخاذل والتعصّب والكسل وغير ذلك من الممحقات؛ يمكن أن تُقَوَّم بشكل مثالي، وتُوَجّه لتصبح مؤثّرة وبانية.

لقد كانت أمّ المؤمنين خديجة نموذجًا جديرًا بالقراءة وإعادة القراءة من وجهات عدّة. نتنسّم بها ذكراها في سيرتها العبقة التي تظلّ نبراسًا ودليل هداية وحبل نجاة، ومدرسة تتعلّم فيها الزوجة كيف تصون أسرتها وتتبعّل لزوجها، وتبرّه وتحسن إليه وتعينه، والأمّ كيف تربي وتُنَشّئ وتستعدّ للمستقبل، وكيف تصبر على فراق الولد ولا تلين لهزائم الدنيا وشدّتها، وكيف تساند زوجها، وتحمله في قلبها على طريق النجاح.

إنّ الإنسان إذا كان في رحلة سلكها مختارًا محبًّا، ثمّ وجد فيها ما يسرّ الخاطر، ويجبر الفؤاد، ويداوي الشغف، ويعالج الزلل، ويروي التعطّش؛ لاريب أنّه يبصر تلك الرحلة بمنظار الإعجاب، وقد وجدت في رحلتي مع هذا الكتاب ما لم أجده في غيره من الكتب، فقد تعلّمت الكثير، وأنا مدرك أنّني لم أتعلّم إلّا القليل ممّا يمكن تعلّمه، فخديجة جزء مهمّ من سيرة النبي ﷺ، وإنّ بحر السيرة العذب لا ساحل له، وخوضه مغامرة شائقة، ومحيط معارفه لا قرار له، ولاسيّما إن صادف قلبًا محبًّا، وذهنًا نهمًا، وفكرًا متعطّشًا؛ فلا شكّ أنّه سيترك به أثرًا غائرًا ممتدًّا، وهذا ما فعلته تلك الرحلة بي، وأرجو أن تفعل بالقارئ الكريم.

قائمة المصادر والمراجع

1. الاستيعاب في معرفة الأصحاب، أبو عمر يوسف بن عبد البر القرطبي (ت: 463)، تحقيق: علي محمّد معوض، عادل عبد الموجود، دار الكتب العلمية، 1415هـ.

2. أسد الغابة في معرفة الصحابة، عز الدين علي بن أبي الكرم بن الأثير (ت: 630هـ)، تحقيق: علي محمّد معوض، عادل أحمد عبد الموجود، دار الكتب العلمية، 1994م.

3. الإصابة في تمييز الصحابة، أبو الفضل أحمد بن علي بن حجر العسقلاني (ت: 852هـ)، تحقيق: عادل أحمد عبد الموجود وعلى محمّد معوض، دار الكتب العلمية، بيروت، الأولى، 1415هـ.

4. البداية والنهاية، أبو الفداء إسماعيل بن عمر بن كثير القرشي (ت: 774هـ)، تحقيق: علي شيري، دار إحياء التراث العربي، 1988م.

5. الجامع المسند الصحيح المختصر من أمور رسول الله ﷺ وسننه وأيامه (صحيح البخاري)، محمّد بن إسماعيل البخاري، تحقيق: محمّد زهير بن ناصر الناصر، دار طوق النجاة، 1422هـ.

6. جوامع السيرة النبوية، علي بن أحمد بن حزم الأندلسي (ت:

456هـ)، دار الكتب العلمية، بيروت.

7. الخصائص الكبرى، جلال الدين السيوطي (ت: 911هـ)، دار الكتب العلمية، بيروت.

8. خلاصة سير سيد البشر، محب الدين الطبري (ت: 694هـ)، تحقيق: طلال بن جميل الرفاعي، مكتبة نزار مصطفى الباز، مكة المكرمة، 1997م

9. دلائل النّبوّة ومعرفة أحوال صاحب الشريعة، أبو بكر البيهقي (ت: 458هـ)، دار الكتب العلمية، بيروت، 1405هـ

10. الذرية الطاهرة النبوية، أبو بشر محمّد بن أحمد الدولابي (ت: 310هـ)، تحقيق: سعد المبارك الحسن، الدار السلفية، الكويت، 1407هـ.

11. الرحيق المختوم، صفي الرحمن المباركفوري (ت: 1427هـ)، دار الهلال، بيروت.

12. الروض الأنف في شرح السيرة النبوية، أبو القاسم عبدالرحمن بن عبدالله بن أحمد السهيلي (ت: 581هـ)، تحقيق: عمر عبد السّلام السّلامي، دار إحياء التراث العربي، بيروت، 2000م.

13. زاد المعاد في هدي خير العباد، ابن قيم الجوزية (ت: 751هـ)، مؤسسة الرسالة، بيروت، مكتبة المنار الإسلامية، الكويت, 1994م.

14. سنن ابن ماجة، ابن ماجة، أبو عبدالله محمّد بن يزيد

القزويني (ت: 273هـ)، تحقيق: بشار عواد معروف، دار الجيل، 1998م.

15. سنن أبي داود، أبو داود سليمان بن السّجستاني (ت: 275هـ)، تحقيق: شعيب الأرنؤوط، محمّد كامل قره بللي، دار الرسالة العالمية، 2009م.

16. سنن الترمذي، محمّد بن عيسى الترمذي (ت: 279هـ)، تحقيق: أحمد محمّد شاكر، ومحمّد فؤاد عبد الباقي، وإبراهيم عطوة عوض، شركة مكتبة ومطبعة مصطفى البابي الحلبي، مصر، ط2، 1975م.

17. السنن الكبرى، أبو بكر أحمد بن الحسين البيهقي (ت: 458هـ)، تحقيق: محمّد عبد القادر عطا، دار الكتب العلمية، بيروت، لبنان، ط3، 2003م.

18. السنن الكبرى، أبو عبدالرحمن أحمد بن شعيب النسائي (ت: 303هـ) حققه وخرج أحاديثه: حسن عبد المنعم شلبي، أشرف عليه: شعيب الأرناؤوط، مؤسسة الرسالة، بيروت، 2001م.

19. سير أعلام النبلاء، شمس الدين الذهبي (ت: 748هـ)، دار الحديث، القاهرة، 2006م.

20. سيرة ابن إسحق (المبتدأ والمبعث والمغازي) (السير والمغازي)، محمّد بن إسحق بن يسار المدني (ت: 151هـ)، تحقيق: محمّد حميد الله، معهد الدراسات والأبحاث.

21. السـيرة الحلبيـة (إنسـان العيـون في سـيرة الأمـين المأمـون)، عـلي بـن إبراهيـم بـن برهـان الديـن الحلبـي (ت: 1044هـ)، دار الكتب العلميـة، بـيروت، ط2، 1427هـ

22. السـيرة النبويـة (مـن البدايـة والنهايـة لابـن كثـير)، أبـو الفـداء إسـماعيل بن عمر بـن كثـير (ت: 774هـ)، تحقيـق: مصطفى عبد الواحـد، دار المعرفـة للطباعـة والنـشر والتوزيـع بـيروت، لبنـان، 1976م.

23. السـيرة النبويـة عـلى ضـوء القـرآن والسـنة، محمّـد بـن محمّـد بـن سـويلم أبـو شُـهبة، دار القلـم، دمشـق، ط8، 1428هـ

24. السـيرة النبويـة لابـن هشـام، جمال الديـن عبـد الملك بـن هشـام (ت: 213هـ)، تحقيـق: طـه عبـد الـرؤوف سـعد، شركـة الطباعـة الفنيـة المتحـدة، ط2.

25. شرحُ صحيـح مُسـلم للقـاضى عيـاض المُسـمّى إكمالُ المُعلـم بفوائد مُسـلم، أبـو الفضـل عيـاض بـن موسى السـبتي (ت: 544هـ)، تحقيـق: يحيى إسـماعيل، دار الوفـاء للطباعـة والنـشر والتوزيـع، مـصر، 1998م.

26. الطبقـات الكبرى، أبـو عبدالله محمّـد بـن سعد (ت: 230هـ)، تحقيق: محمّـد عبـد القـادر عطـا، دار الكتـب العلميـة، بـيروت، 1990م.